| 心理健康手边书 |

做父母那点事儿
给中学生家长的10堂心理课

胡谊 季卫东 —— 主编
张 亚 —— 著

上海科学技术文献出版社
Shanghai Scientific and Technological Literature Press

图书在版编目（CIP）数据

做父母那点事儿：给中学生家长的10堂心理课 / 张亚著.—上海：上海科学技术文献出版社，2023
ISBN 978-7-5439-8754-8

Ⅰ.①做… Ⅱ.①张… Ⅲ.①中学生—心理健康—家庭教育 Ⅳ.① G444 ② G78

中国国家版本馆CIP数据核字（2023）第037071号

选题策划：张　树
责任编辑：王　珺
封面设计：留白文化

做父母那点事儿：给中学生家长的10堂心理课
ZUO FUMU NADIANSHI'ER: GEI ZHONGXUESHENG JIAZHANG DE 10 TANG XINLIKE
胡谊　季卫东　主编　　张亚　著
出版发行：上海科学技术文献出版社
地　　址：上海市长乐路746号
邮政编码：200040
经　　销：全国新华书店
印　　刷：商务印书馆上海印刷有限公司
开　　本：787mm×1092mm　1/32
印　　张：6.875
字　　数：130 000
版　　次：2023年3月第1版　2023年3月第1次印刷
书　　号：ISBN 978-7-5439-8754-8
定　　价：35.00元
http://www.sstlp.com

编委会

丛书主编：胡　谊　季卫东

丛书编委（按姓氏笔画排序）：

　　刘俊升　华东师范大学教授

　　李春波　上海市精神卫生中心主任医师

　　杨向东　华东师范大学教授

　　季卫东　华东师范大学附属精神卫生中心主任医师

　　胡　谊　华东师范大学教授

　　祝卓宏　中国科学院心理研究所教授

　　席居哲　华东师范大学教授

前言

做懂孩子的父母

作为一名两个孩子的妈妈、一名青少年心理工作者，我深深地觉得"做知心的父母"绝对不是一件容易的事情。前两天大概晚上12点半，我忙完了手头的事情正准备睡觉，我家上初二的老大迷迷糊糊地推开我工作间的房门，对我说："妈妈，我睡不着，你来抱抱我吧。"我抱着已经比我高小半个头的老大，发现她默默抽泣起来。我家老大一向性格开朗，也是个很有想法的姑娘，这到底是怎么了？一时间老母亲脑补了各种可能，是学习上遇到困难了？是和同学交往不开心了？还是……我问了两声，女儿不作答，她一边抽泣一边说："妈，我不想讲，就想抱着你哭一会儿。"好吧，于是我抱着她，不再说话。也许，女儿真的长大了，有自己的烦恼和秘密，即便她有一个懂心理学的妈妈,她真的决定不讲,我也绝对猜不出她到底遇到了什么烦恼,而我唯一能做的,不过是在孩子还愿意讲一点点的时候陪伴在她身边,用她需要的方式吧。

其实,老大愿意让我知道她很难过,我自己觉得这就还算是个不错的开始。至少,在她遇到困难的时候,还有个地方可以哭出来。对于这一代孩子,身后有人支持的感觉可能变得更加重要。大家都知道,目前孩子所面临的内卷一点都不比成年人少。抱怨你的"996"让人崩溃吗?看看你身边的孩子(至少是北上广的孩子)进入初中之后"007"应该是家常便饭了。内卷带来的影响之一是竞争非常激烈,乃至惨烈。另外一个容易被忽视的影响是,孩子们在班级里、补习班里,甚至小区里、家庭聚会里遇到的同龄人不再是像我们小时候那样可以傻玩傻乐的小伙伴,而是赤裸裸的竞争对手。实际上,现在不少青春期孩子的同伴关系是严重缺失的,就像有的孩子在咨询室里告诉我的:"好容易我找到个可以真心相待的朋友,我妈还不让我和他玩,说他学习成绩不好,别把我拖下水了。"同伴关系对青春期的孩子有多重要?目前的脑科学研究发现,青春期孩子的大脑中有个叫作"纹状体"的区域正在超常发挥作用,这个区域的迅速发育,让他们对同伴的评价更加在意,成年人也许可以做到对别人讲的话没有那么在意,但对于一个处于青春期的孩子而言,他们无法做到。所以,现在请各位家长设想一下,你的孩子由于整个大环境的内卷本来就很难交到知心的朋友，而他（她）对于一些不相干的同学评价还没法不在意，那种感觉就像是处于一个四面八方都不设防的孤岛上，如果家庭中还无法提供给孩子们情感支持与信任，这一代的孩子会不会更容易产生所谓的"心理困扰"？

许多父母都曾和我说，孩子上了初中之后，像是变了一个人，或是情绪反复无常，或是变得"易燃易爆"，或是根本不知道他（她）躲在房间里捣鼓个啥，那个本来跟在身边的小屁孩像是一夜之间长大了，让家长们摸不透也看不明白。我在咨询室里见过不少孩子的家长，等到孩子在手臂上划了很多血道，或是被确诊为抑郁症，甚至把遗书都写好了，才感觉到事情哪里不对，匆忙带孩子来做心理咨询。在此之前，真的没有一些信号让我们觉察到孩子的那些糟糕情绪（或情绪危机）吗？

每一代人都有自己的恐惧和希望。这一代孩子的物质条件的确是更丰富了，见过的世面更多了，可供选择的机会也更多了，城市里的孩子只要想学点什么，再也不像我们这一代人小时候那样没地方可学了，我相信这是一个个人潜能可以被无限发掘的年代。但是，这一代孩子所面临的压力和孤独可能也是前所未有的。很遗憾的是，我在咨询室里看到不少家长依然在给孩子增加额外负担和压力，甚至当孩子出现心理问题的早期信号时，家长也没有发现，往往到了孩子出现严重的心理问题甚至达到精神类疾病的程度才引起全家的重视。这也是我决意写这样一本书的缘故。新时代的家长需要掌握一些在这个时代必备的"青少年心理知识"。这本书原来的名字叫作"懂点心理学,助力娃成长",就是希望我们一起学点心理学,做孩子的"情绪稳定器",做孩子的"心理加油站",助力这一代孩子健康成长,也助力我们自己收获幸福的人生。

目 录

前言 ·001—004·

做懂孩子的父母

第一课 ·001—011·

管孩子，也是在面对你自己的"内在小孩"

——了解"内在小孩"理论

第二课 ·012—025·

青春期孩子脑子里到底想的啥

——来自脑科学的研究证据

第三课 ·026—047·

除了"买买买"，请听听孩子的心理需求

——了解需求层次理论

第四课 ·047—064·

如何"听"，孩子才会和你"说"

——人际沟通的小秘密

第五课 ·065—080·

如何不给你的孩子添乱

——影响力的作用模型

第六课 ·081—101·

厌学的孩子到底怎么了

——来自经典条件反射的启示

第七课 ·102—112·

孩子拖拖拉拉不自觉怎么办

——拖延心理学的研究启示

第八课 ·113—127·

孩子注意力不集中总是走神该怎么办

——大脑神经网络的研究启示

第九课 ·128—179·

孩子玩手机停不下来怎么办

——手机成瘾背后的心理分析

第十课 ·180—205·

孩子抑郁了我们该怎么办

——警惕抑郁症的风险

结语 ·206—208·

养孩子的这场修行

第一课
管孩子，也是在面对你自己的"内在小孩"
——了解"内在小孩"理论

· 案例故事

"凭什么你这么又懒又佛系，而我忙成狗?!"——一位妈妈的呐喊

疫情期间，小明的妈妈简直要疯掉了，眼看着自己人高马大的儿子天天在床上、沙发上"葛优瘫"，一副你们都别来烦我的表情，连体育课都是自己躺着看老师在屏幕上蹦跶，小明的妈妈吼过、骂过，也推搡过，没想到小明慢悠悠地说："妈妈，我就不明白你着急个啥，我不是作业都写了吗？网课也听了啊，你问问老师我有没有你说的那么差劲，体育课我不是打卡了吗？我就不明白你为啥发那么大火啊！"

小明的妈妈一听更加抓狂了，她怒吼道："你那叫作'上课'吗？坐没个坐样，作业也都是敷衍了事，妈妈给你布

置的额外作业多一点儿你都不愿意做,有没有点学习主动性?马上就要七年级了,你知不知道阿拉上海只有一半的初中生能上高中,你再这样下去高中都考不上,我看你以后怎么办,怎么办!"小明妈妈的嗓门越来越大,一边说一边想把大块头的小明从沙发上拖起来,没想到一触碰到小明的胳膊,小明一摆手,大踏步冲进了自己的房间,把房门一关。这下妈妈更加暴怒了,跟着冲过去想把门推开,没想到小明在门里怒吼着:"妈妈你别没事找事,你自己工作忙压力大,是你对自己要求高,我和你不一样,我就是又懒又佛系,我和你不一样,你再逼我和你一样,我就彻底不干了,啥也不学了,作业也不交了,我看你想要怎样?!你又能怎样?!"小明一使劲把门关上了,还在里面反锁了门。

小明妈妈被堵在门外,感觉自己整个人都要爆炸了,她简直不能理解,自己和老公都是企业里的中高层管理者,几乎是没有止境地追求卓越,追求团队更好的绩效,怎么会偏偏生出这么个佛系的儿子,好像整个人开启了"省电模式",学习上多一点钻研都不愿意,额外的补习班多一点作业就开始胡乱交差,疫情期间在家上网课就更加"原形毕露",现在还开始威胁老妈了。小明妈妈沮丧地站在小明紧闭的房门外,心想:"到底是我哪里做错了?我该怎么办?"

·心理知识

"内在小孩"与"人格面具"

看完以上案例故事,你会不会也有和小明妈妈一样的疑问和愤怒?这孩子到底怎么了?在理解小明和妈妈之间到底发生了什么之前,让我们先来学习一个常见的心理咨询概念——"内在小孩"。

"内在小孩"是由著名心理学家卡尔·荣格的原型理论发展而来的,又叫作"儿童原型",意指每个人的自我中都存在着一个小孩,这个小孩和我们为了应对外在世界而发展出来的"人格面具"有所不同。如果说"人格面具"是我们社会化的自我,"内在小孩"则是我们更加隐秘的、脆弱的、非理性的,但也更加有创造力的部分。如果在早年的成长经历中,所期望的需求受到挫折、不能满足,我们往往会体验到痛苦与伤害,从而对自己的看法变得扭曲,对他人变得不容易信任,以及对于周遭发生的事情不再敏感,保持麻木,这个也许埋藏在心灵深处的部分就会表现为我们"受伤的内在小孩",有些心理治疗流派认为人们的心理困扰正是来自这个"受伤的内在小孩"。

也正因为如此,一个人的幸福程度,其实取决于自己与"内在小孩"的关系,两者越是统一、关系越好,我们就越是能够接纳自己,越是能够感觉到和谐快乐。荣格以"圣童"来说明"内在小孩"在人的心灵意识中的地位,认为他代表的是我们内在强大的冲动和创造力，既象征着未来的希望、生命的潜力和自我的新生，同时也很轻浮妄动、乐天顽皮，永远不以长大成熟为目标。

实际上，目前的"内在小孩"心理治疗更多将"内在小孩"视为一种隐喻来描述我们痛苦的、非理性的、失控的、脆弱的一面。一个人可以同时拥有"渴望孤独的内在小孩""追求自由的内在小孩""暴躁没有耐心的内在小孩"等，众多"内在小孩"在个体心中不断冲突争执，有时尤其会和我们"出演给别人看"的"人格面具"部分产生强烈的冲突。

在小明妈妈的故事里，小明妈妈的"人格面具"是积极进取、追求卓越的，在职场上，她是一名尽职尽责、力求完美的管理者，但是小明妈妈的"内在小孩"呢？会不会也和小明一样渴望着偷懒、躺平、无所事事？大多数时候，我们不是自己以为的那种人，而是自己讨厌的那种人。要知道，小明虽然偷懒，但作业都是按时提交的，也能安排自己的时间听网课、参与讨论学习，但小明妈妈依然觉得他无可救药，对小明大发雷霆。小明的妈妈之所以对儿子的"偷懒"这么愤怒，有可能是因为她没法接受自己也有想要偷懒的部分，我们可以姑且把这个部分称为"偷懒的内在小孩"。在我的临床工作中，我也看到不少家庭中的孩子活成了家长最不能接受的"内在小孩"的模样，父母越是积极进取，孩子反而越是躺平；父母要求处处规整，孩子反而乱如狗窝；父母努力做到尽善尽美，孩子反而到处惹祸；父母待人接物特别懂礼貌，孩子反而满嘴脏话不可理喻。如果出现这种情况，有一种可能性就是父母太过压抑自己那个"不懂事的内在小孩"了。现在，你的孩子站在了那个"不懂事的内在小孩"的位置上，你和孩子的冲突说到底，是你和自己"内在小孩"的冲突，也就是俗话说的"境由心造"。

读到这里，不少聪明的家长可能已经猜到了养育孩子中的一个重要议题，其实就是如何与自己的"内在小孩"和谐相处。想象一下，小明的妈妈如果是一个能够接受自己偷懒的人，也就是说，她能够与自己"偷懒的内在小孩"和谐相处，当她看到自己的儿子疫情期间宅在家里每天"葛优躺"会有怎样的反应？她可能也会觉得不妥，毕竟这样不是好的学习习惯，但她也能理解自己的儿子，好容易在家没有老师时刻盯着了，是多么希望放纵一下啊！基于这两方面的体察和了解，这位母亲更有可能心平气和地与儿子谈一谈他未来的打算，也更有可能看到儿子的努力，甚至协助儿子发展自己的兴趣，让他自然而然地肯花时间去钻研。这点微妙的差别在和青春期孩子的互动过程中有时会被无限放大，因为孩子们到了这个年龄阶段往往不听你说的内容，而是看你的态度和表情，一个能够接受孩子偷懒的妈妈和小明的互动更有可能是温柔的、有耐心的、理解的、支持的，而这对于一个青春期的孩子来讲太重要啦！否则这场互动就太容易升级成"我看你想要怎样？！你又能怎样？！"的敌对关系了。

· 心理老师对你说

如何与"内在小孩"愉快相处

管孩子,有时也是在面对自己的"内在小孩"。

我见到有些家长,在小时候的成长经历里被父母忽视了,内心深处有一个"被忽视的内在小孩",结果在养育自己孩子的过程中特别害怕自己的孩子被忽视,一刻都不肯放松对孩子的注意,反而给孩子带来了额外的压力。

也有些家长,小时候被自己的父母严厉地打骂,内心深处有一个"伤痕累累的内在小孩",结果在养育自己孩子的过程中同样不自觉地采用了当初父母对待自己的方式——辱骂加棍棒,同样把这个伤痛的部分带给自己的小孩。

还有一些家长,自己小时候喜欢拖延,内心深处有一个"偷懒又拖延的内在小孩",这个"内在小孩"被锁在内心深处,绝对不能让他再出来惹是生非,这样的家长通常在为人父母后坚决不想让自己的小孩重蹈覆辙,特别强调要培养孩子良好的学习习惯,结果孩子到了青春期开始通过反叛父母来确认自己的位置,父母越担心越执着于什么,孩子越反抗什么,家里战火升级、冲突不断。

当然,还有一些更加困扰的家长,和自己的"内在小孩"离得太远了,换句话说,失去了自己的内在感觉,活得像个完美运行的机器,这样的家长忍不住把自己的自恋幻想放在孩子身上，让孩子也成了家长自身愿望的附属品，也会让孩子觉得内心空虚，生活充满无意义感。

在我负责的家长成长工作坊中，我总要和家长们探索他们的"内在小孩"，如果家长的"内在小孩"处于受伤、隔离、伤痛的状态，难以体会孩子的感觉，也难以在情感上给孩子支持、温暖的感觉。因此，如果你想要做一个能够支持孩子、助力孩子健康成长的家长，也许可以从了解自己的"内在小孩"开始，做一个有活力、有创造力、有同理心的人，也许孩子们也就会自然靠近你，被你所影响啦！

· 家长操练手册

试着为自己做一个小小的"内在小孩"冥想练习吧。请找一个安静的、不被人打搅的地方。

> 闭上眼睛，慢慢地深呼吸，把你的注意力放在内心的深处，你的"内在小孩"就住在那边……
>
> 想象你回到了童年居住的老房子……你看到了那栋房子，留意一下房子的外观……你走到房子的大门前，看看那扇门的模样……你现在把门打开，进入房子里面，闻一闻房子里面是什么味道……你看一看房子里面的陈设，看看客厅的样子……这是你童年居住的房子，

你在这里面玩耍过……

你看到一个小孩子向你走过来，那是你小时候的自己，你看不太清楚他（她）的样子……你用温柔的眼光看着他（她），留意他（她）的发型，留意他（她）的神情，留意他（她）的穿着……他（她）正在做什么，周围有什么人，别人怎么叫他（她），他（她）怎么回应……

你给自己一个许可，许可自己靠近这个小孩，伸出你心灵的手，抚摸他（她）的头发，和他（她）共处一阵子……你愿意听一下他（她）的心声，听他（她）说说他（她）在这栋房子里的感觉……

听他（她）说说他（她）内心的期待和渴望，他（她）好希望能够怎么样……听他（她）说说他（她）内心的害怕和恐惧，他（她）害怕什么，他（她）在害怕的时候，会怎么做……

在你的心底深处，找出你想告诉这个小孩的心里话，告诉他（她）你很欣赏他（她）的地方……告诉他（她）你会好好疼惜他（她）……

再一次看看这个孩子居住的环境，你会认识到他（她）是多么独特的一个孩子，用他（她）特有的方式在这里成长，你看到他（她）生活中温馨感人的时光，你也看到他（她）生活中感受到压力很大的地方……

你要准备离开这个内心空间了，但你知道这个孩子就住在你的心底。只要你愿意，你随时都可以在你内心深处那个地方，看到他（她）……你现在已经知道如何聆听他（她）的心声，照顾他（她）的需要……这个小孩现在也已经相信和感受到你爱护他（她）的心意。

现在，你可以跟他（她）告别……回到你的身体，慢慢睁开你的眼睛，活动一下你的手脚……

在以上练习中，如果你看到的"内在小孩"是丰盈的、快乐的、活泼的、宁静的、舒适的，也许意味着你内在的状态不错，也更容易接纳欣赏自己的孩子；如果你看到的"内在小孩"是受伤的、痛苦的、低落的、难过的，也没有关系，试着去看看这个"内在小孩"的需要，学习在日常生活中先照顾你自己的"内在小孩"，再去面对你身边那个青春期的孩子。

当我们的"内在小孩"在身体上、情感上、心理上或精神上感到不安全时，我们的内心就会受到伤害，我们的内心也会因此而失去纯真。以下列出了十种可能导致我们在这个世界上感到不安全的人生经历：

1. 你被教导过，有自己的意见是不对的。

2. 当你试图说出自己的意见或采取不同的行为时，你受到了惩罚。

3. 你被阻止了玩耍或玩乐。

4. 你不被允许做你喜欢做的事情。

5. 你不被允许表现出强烈的情绪，如愤怒或喜悦。

6. 你受到父母、家人、朋友或同学的羞辱。

7. 你经常受到口头上的批评或辱骂。

8. 你曾受到身体上的惩罚、打骂或殴打。

9. 你被逼着要为父母和他们的幸福负责。

10. 你没有得到身体上的关爱，如亲吻和拥抱。

与其让"内在小孩"在不知不觉中与你作对（出于恐惧和保护自己的需要），不如让你内心的孩子和成年后的自己一起为共同的利益而工作。疗愈"内在小孩"的总体原则是：接触你的"内在小孩"，获得他（她）的信任，倾听他（她）的意见，并通过合作满足他（她）的需要来尊重他（她）。以下是开始探索并与"内在小孩"合作的四个方法：

首先，你可以考虑心理咨询。与心理咨询师合作可以帮助你在一个安全和支持的环境中探索你"受伤的内在小孩"。特别是如果你在童年时受到过性虐待，遭受过严重的情感虐待，或者有心理疾病，强烈建议你寻求专业的心理咨询或治疗。

其次，你可以尝试自己反复练习以上的"内在小孩"冥想，这将带你踏上一段内心之旅，与受伤的孩子见面。引导冥想看似简单，实则是连接并开始治愈你"内在小孩"的强大方法。

此外，你还可以试着与"内在小孩"交谈，在你与"内在小孩"见面后，通过辅导或引导冥想，定期与"内在小孩"交流，看看他（她）的需要是否得到满足是很重要的。任何时候,当你感到沮丧、压抑或困顿的时候,请花一些时间静静地坐下来,走进内心,问你的"内在小孩":"你需要什么?你想让我知道什么?我怎样才能帮到你?"

最后,不妨写一封信给你的"内在小孩"。试着静静地坐一会儿,想象一下自己小时候的样子,回忆一下在你成长的环境中的那个小男孩(或女孩)是什么样子,然后写一封信,表达他(她)的感受,他(她)是如何看待这个世界的,他(她)需要听到或接收到什么,但没有得到什么。接下来,写一封信回馈给你的"内在小孩"。你会对这个小孩子说些什么来安慰他(她),让他(她)知道自己没事?告诉他(她),你希望你小时候听到的所有事情;告诉他(她),他(她)是多么的美丽和纯真;告诉他(她),他(她)是多么了不起;告诉他(她)你有多爱他(她)。

· 补充阅读

了解关于"内在小孩"的更多知识可以阅读:

[美]罗西·马奇·史密斯著.鲁小华等译.拥抱你的内在小孩[M].北京:机械工业出版社,2020年.

微信搜索"YOU心理空间"聆听内在小孩音频。

第二课
青春期孩子脑子里到底想的啥
——来自脑科学的研究证据

· 案例分析

"易燃易爆"的阿强和"火上浇油"的爸爸

阿强是个初二的大男孩,个子已经比爸爸还高了。前两天,阿强出门上补习班时,爸爸多问了一句"你的公交卡带了吗?",结果阿强勃然大怒,对着爸爸大吼大叫:"一天到晚就知道啰嗦,啰嗦,头都快被你说炸了,你就没有点其他事情关心吗?你的股票呢?你的抖音呢?一天到晚就盯着我,你很闲啊?"阿强爸爸本来一番好心关心儿子,结果被儿子莫名其妙地呛到快要吐血,他觉得自己的血管都要爆炸了,冲着儿子大吼道:"怎么和你爸说话的?你以为你是谁呢?你个废物,赔钱货,一天到晚就知道呛我,你还会什么?你个废物,学习不行,做人也不行,你还会什么?你个赔钱货……"阿强爸爸还在继续唠叨，阿强的泪水已经默默流下来，他一边默默擦眼泪，一边咬牙切齿地说："你放心，我再不给你丢人了，从今往后，你再也看不见我就是！我这个赔钱货，再也不会在你眼前给你惹麻烦了！"阿强一边说一边重重地摔上门跑了出去。这下轮到阿强爸爸愣在原地，想起最近频繁出现的青少年自杀新闻，他的心突然提到了嗓子眼，想要冲出去把阿强拉回来，又挪不动脚，想不管他自己先去上班，又总觉得放心不下。心里千回百转的阿强爸爸怎么也想不明白，自己只是关心地问了句公交卡的事情，怎么就搞得儿子火冒三丈，阿强怎么就这么"易燃易爆"，不记得从什么时候开始，他就变成这样，不再是小时候那个听话又懂事的小男孩了。阿强爸爸深深地叹了口气，拿出电话打给老婆，先让老婆问问强强，安抚下他的情绪吧！

· 心理知识

<u>青春期孩子的大脑发育特点</u>

读到这里，不少青春期孩子的家长可能会很有感触。当年那个说话奶声奶气的小孩子不知道从什么时候开始变得不可理喻，要么莫名其妙就能点爆，要么说出的话把人气个半死，要么干脆什么也不说，把人急死。不少家长在咨询室里会急切地问我："我的孩子到底怎么了，脾气那么古怪？""这孩子不会

是出了什么心理问题吧？有时脾气大得吓人！"

如果你也有这样的疑问，可能需要了解一些青春期孩子大脑发育的特点，再做判断。首先，青春期孩子的大脑还没有长好呢！心理学家已经发现大脑的各个区域并不是同时成熟的，大脑皮层之下的网络最先发育，这些网络包括与情绪表达相关的区域以及与想要获得快乐的愿望相关的区域。晚发育的是前额叶皮层，这个区域使得个体可以在应对压力或冲动时做出更为谨慎、周到、深思熟虑的反应。前额叶皮层要到25岁才能完全成熟，这一发现非常重要，因为前额叶皮层的作用就好像是大脑的刹车，有助于我们遏制强烈的冲动。例如，青少年可能会被无安全措施的蹦极所吸引，而成年人发育成熟的前额叶皮层会阻止个体，并让个体考虑冲动、危险的行为可能造成的后果。此外，研究人员还发现，青少年在做出冒险行为时，会产生让他们感觉良好的神经化学反应，而当有同龄人在附近时，青少年尤其可能这样冒险。这些发现似乎支持这样的观点，即青少年充满了不受控制的情绪，却不具备充分的能力去调节这些情绪。

家长们了解了孩子们的这个大脑发育特点，也许就不会轻易在孩子已经情绪爆发的阶段继续火上浇油，甚至会有意识地帮助孩子进行情绪管理训练。在上面阿强的案例中，当爸爸问一句"你的公交卡带了吗"？阿强立刻易燃易爆地吼叫了一通，如果阿强爸爸对阿强的状态有所觉察，不被阿强没有发育好的大脑牵着走,他其实可以只是轻描淡写地说一句:"阿强,我只是关心你一下,不知道你想到了什么这么生气。"用情绪词"生气"标注出孩子的情绪有助于提高他们的情绪觉察能力,让他们对自己目前的状态保持观察的态度。这点对于青少年来说特别重要,有不少青少年被自己强烈又敏感的情绪牵动,有时会突然觉得"心里一阵烦躁,也说不清楚为什么",有些自我保护能力不足的青少年可能会选择自残的方式来缓解此刻的情绪,却说不清楚自己的感受到底是什么,而这种对自己的情绪保持观察的能力的确是更高级的元认知的能力,需要我们家长有意识地帮助孩子进行觉察,最简单的做法就是用语言来标注这些情绪。

如果阿强的爸爸更有心,除了帮助阿强觉察自己的情绪,还可以进一步帮助阿强了解别人的情绪,这也是培养孩子情商的一个好机会。他可以告诉阿强:"你这样讲让爸爸很生气,也有点伤心。"而不是立即骂回去,并且将战火升级,在情绪的驱使下用了不少侮辱性的词汇,比如"废物""赔钱货"等这样的词。有研究表明,个别青少年体验到的情绪确实比儿童和一般的同龄人更为强烈。阿强爸爸在气头上说的这些词很有可能让阿强真的放在心里,引发他强烈的情绪反应,在以上的案例片段中,阿强也的确默默流下了泪水。

最后,阿强的爸爸也需要让阿强明确知道家里的规则,比如"你现在很生气,但生气的时候不可以对爸爸这样没有礼貌地说话，你可以直接说，'爸爸我知道了，你不用讲了'，但不可以这样对爸爸吼叫"。对于青春期的孩子，明确知道哪些事情不能做与明确知道家里的规则和底线在哪里，很重要。我看到有些家庭对孩子太过宠溺，打也打不得、骂也骂不得，等孩子到了青春期更是无法无天。其实，让孩子知道父母的底线在哪里，哪些行为是不被允许的也能带给孩子安定的感觉，而规则的教育不是讲大道理，而是从这些小细节做起，从具体的情境说起。所以，亲爱的家长们，就上面阿强和爸爸冲突的片段，你们既可以选择像阿强爸爸一样肆意挥洒自己的情绪，给阿强带来一场猝不及防的伤害，也可以选择做一个懂孩子的父母，借这个机会去培养孩子的情商，告诉孩子家里的规则。

大脑研究者经常用"可变的""可塑的"来描述大脑具有巨大的变化潜能。在研究大脑，尤其是其让人难以置信的结构变化和功能变化时，许多研究者只提到了儿童早期的大脑飞速发展。但实际上，在人的整个一生中，大脑一直处于工作、变化的状态，具体到青少年，在10—20岁这十年的时间里，他们身上会发生一系列心理、生理和神经方面的变化，这些变化会促使青少年在学业、行为、情绪、社会等多个领域的发展。特别强调的是，青少年的大脑并不是一个完整的大脑，但依然拥有某些认知技能，可以让他们进行批判性地、深思熟虑地推理。总之，我们可以把青春期看作一个充满机遇的时期。此外，青少年的大脑也为青少年提供了"一个比其他任何时候都更容易快速学习的机会",就像学步儿童的大脑为儿童学习好语言做准备,青少年的大脑也在做准备,让他们可以学习控制冲动的技能(如管理冲动的能力)、做出更加抽象的推理(如道德并不是非黑即白)、开展更具批判性的思维(如"我的父母并不全对")、提高沟通技巧(如与异性交谈)以及发展新的社会关系(如恋爱关系等)。青春期是一个探索发现的时期,是认知发生变化的时期,这些变化与青少年大脑的飞速发育有关,也使得他们可以重新考虑自己和未来的生活,不少家长说自己的孩子"一年一个样",这"一年一个样"的脑基础正来自于此。青春期大脑的变化是"人一生中发生的最具戏剧性、最为重要的变化之一"(Steinberg, 2010)。

具体来说,①青少年大脑杏仁核的发育(该区域是大脑中与情绪控制有关的部分)可能会激发一些没有原因的强烈感受。②青少年大脑中负责冒险行为的区域在青春期更加活跃,他们容易冲动冒险,常常对成年人和权威表示怀疑;而他们用于问题解决的神经回路很可能到了成年期才能稳定下来(White, 2009),如果问题解决带来了积极的结果,那就没有问题了,但是,如果个体在青春期学习到了一些适应不良的问题解决技能,这些不良习惯就很有可能伴随到个体成年。③前额叶皮层还负责计划、组织以及对风险和收益的权衡,由于这些变化是在青春期发生的(而不是在青春期结束后发生的),家长应该保持谨慎,不要指望青少年(一般来说11—18岁)甚至是年轻的成年人（23—30岁）在计划、组织、权衡风险和收益时做到完全自主或独立。

也正是基于这样的大脑飞速发展的特点，家长有必要成为青少年的支持来源。他们应该为青少年提供机会，既能自主行事，又能适当地依赖信赖家人。父母应该努力保持畅通的沟通渠道，塑造他们适当的社会行为，同时允许青少年探索自我。心理学家已经发现，为青少年的行为设定限制并进行适当的监督也非常重要。相比于对青少年采取严厉的惩罚措施、溺爱的（高回应、低期待）或是漠不关心的（低回应、低期待）教养方式，如果能对青少年采用高温暖、高回应、高期待的教养方式，更容易能为青少年带来更好的发展结果（Steinberg, 2011）。

家长们可以预见到孩子进入青春期之后，亲子关系会发生各种转变，其中最显著的变化就是青少年自主性的确立。需要注意的是，我们也不该将青少年获得自主性和保持与父母的亲密关系放在两个相反的极端。研究表明，牢固的亲子依恋关系加上健康的分离和个体化能够预测青少年在学业、社会和情感方面积极地适应高中和大学生活（Jager et al., 2015）；青少年和父母之间牢固的依恋关系有助于个体的自主性和自立的发展。最恰当的做法可能是从多个角度来思考青少年的自主性到底指什么，其中可能包括：情绪上不再那么需要父母帮助其来调节情绪；行为上不再那么需要父母来帮助做出决定和执行决定；认知上不再那么需要父母来决定自己的想法、价值观和意见

（McElhaney et al., 2009）。如果青春期孩子的家长能在一定范围内允许孩子自主，孩子通常会更具有责任心且自立，而过度控制孩子的父母则更有可能培养出适应不良的青少年。因此，青春期孩子的父母充分考虑孩子自主性的需要，不失为一种明智的选择，因为青少年的自主性与对父母深深的依恋关系并不矛盾。我们可以重整我们的教养方式，与青春期的孩子开始新的亲子关系。

· 心理老师对你说

别做孩子情绪的"放大器"

了解了青春期孩子大脑发育的特点，可能不少家长已经明白该如何面对家里这个"易燃易爆"的小怪物了。有不少愁苦的家长问我："孩子到了青春期，我难道连冲他发发脾气都不可以了吗？想想我们自己小时候，父母动不动打一顿，也没见我们这一代人出啥问题啊？我到底能不能发脾气？"我的回答通常是："我想当然可以，我们首先是个有脾气的普通人，只是唯一需要注意的是别做孩子情绪的放大器，毕竟他们的情绪控制还远远不如成年人，还需要家长有意识地培养。"

那么，什么叫作不要做孩子的情绪放大器呢？我来举一个例子。一个初二的孩子在学校考试没考好沮丧地回到家里，冲着妈妈嚷嚷："我不想活了，这分数我不想活了，妈，你看我还怎么见人？"这时候妈妈该如何回应这个沮丧、挫败的青春期少年？我看到有位母亲的做法是，她立刻绝望地对孩子说："孩子你不活了，妈妈也不活了，咱们娘俩都别活了！"这下这个孩子彻底绝望了，一冲动居然拉着妈妈往窗口走。这是发生在一对母子身上的片段，你们看到这位关心孩子的母亲在无意中做了孩子情绪的放大器，本来孩子只是抱怨抱怨，宣泄下情绪，而且孩子愿意在家里讲出来，说出自己的担心"你看我还怎么见人"，这本来是好事情，但是孩子妈妈选择的应对方式放大了孩子的焦虑和低落的情绪，进而引发了孩子接下来的冲动行为。当然，这是个较为极端的例子，家长们也可以留心在日常生活里，自己是不是无意中做了孩子情绪的放大器。青少年的大脑发育特点决定了他们的情绪体验可能比成年人更激烈、更丰富，再加上他们尚未发育完全的前额叶，造成了他们对于冲动性情绪的控制能力不足，表现出来就是情绪忽高忽低，有时"易燃易爆"，有时"多愁善感"，情绪的强度和变化幅度都比较大，这就需要我们家长不被孩子的情绪牵着走。在咨询室里，有不少青春期的孩子告诉我，他们不需要父母做些什么，有时只是说一说，希望爸妈不要那么当真，但又不要完全不当真。这些青春期孩子的要求的确很考验家长，但我想，他们说希望爸妈当真的时候，是希望被看见，希望爸妈不要那么当真时，是渴望父母有更好的情绪管理能力，帮助他们渡过那个难熬的情绪爆发时刻，也引导他们保持对情绪的觉察，最终摆脱负面情绪。

需要注意的是,"别做孩子情绪的放大器"这是个说起来容易却非常不容易做到的事情,尤其现在的家长自身就是面对千头万绪的"八爪鱼",用"日理万机"来形容也一点不为过,他们自身已经处于"压力山大"的状态,很容易在面对孩子的时候控制不住地爆发情绪。也许,刚才那个片段里的母亲,绝望的感觉已经伴随她很久了,孩子说出的那句"我不想活了"无意中成了压垮她的最后一根稻草。也正因为如此,我们也远远不该只是用一句口号"别做孩子情绪的放大器"来解决所有的问题,他应该去注意到这个家庭系统甚至工作环境、社会环境里到底发生了什么让这位母亲承受了这么大的压力,这个压力有没有改变、调节的可能。

· 家长操练手册

如何安抚你的孩子

"如何安抚你的孩子"?这个主题可能让不少家长困惑:孩子是我一手带大的,难道我还不知道怎么安抚他(她)?要回答这个问题,我要先问家长们两个问题:

1. 孩子在学校遇到的各种烦恼,是否愿意回来和你讲?
2. 孩子和你讲完之后,情绪有没有好转?

如果对于这两个问题你的回答都是"是",说明你完全懂得如何安抚孩子的情绪。

　　以下是一些父母在家长沙龙中分享的安抚孩子的好方法，供你参考。

　　"其实我也没有做啥，就是孩子如果和我讲，我一定放下手头的其他事情听他讲。有时就是听他讲讲，讲一讲他情绪好像就慢慢变好了，我就和他说晚安，我看着第二天这事情好像过去了，也就没有再提，如果他再提，我也就是听着，我觉得孩子大了，应该不喜欢听我唠叨，就努力做到听着。"

　　　　　　　　　　　　　　　　——一个16岁男孩子的妈妈

　　"我是觉得进入初中之后，女儿像是变了一个人，有时莫名其妙地在哭，我会问问她发生什么不开心的事情了，也会告诉她，如果她愿意讲，我会听，如果她暂时不愿意说，也没关系，我想我自己这个年纪的时候也有心事，未必都愿意和父母讲的。"

　　　　　　　　　　　　　　　　——一个16岁女孩的妈妈

　　"我家孩子和她妈妈讲得比较多，有时看她心情不好，我就和她一起去楼下小区骑车，骑几圈我看她脸上有笑容了，我心里就放心了。"

　　　　　　　　　　　　　　　　——一个14岁女孩的老父亲

　　"我主要就是买，他妈不给他买的东西，我来买，我们男人嘛，也没有太多话说，我和他妈约定好，一些有点贵的东西，我默默来买，有时也不是什么昂贵的，小孩子喜欢的手办、水弹枪什么的，他妈觉得都是多余的东西，但我们老爷们比较懂，总要有个爱好吧。"

——一个15岁男孩的父亲

"我会带女儿去吃点好吃的，我们俩都喜欢日料，有时我工作压力大，看着女儿也是上了初中之后经常回来苦着脸，我就趁着她作业没有那么多的时候拉她去吃顿日料，吃饭时会一起说说话，讲讲她的同学，她现在的烦恼啥的，我觉得这种方式挺好的，感觉好像是和自己的朋友聊聊天，大家都比较轻松。"

——一个13岁女孩的妈妈

"我经过艰难的过程总算摸索出来了，我家儿子自从上了初中之后，情绪就很容易激动，我现在就是站在他身后，需要我时我在，不需要我时我就隐身，有时他拉着我一直讲，以前我还想指导他，给他讲讲道理，我一讲道理他就不说了，我现在好容易学会了，就是陪着他，他不需要时我也不去主动找他，但我和他说了，妈妈一直在你身后看着你，你一回头，我就在。"

——一个14岁男孩的妈妈

我想，我们每一位家长都可以根据自家孩子的特点摸索出

能够安抚孩子的独一无二的方法。很多家长告诉我，孩子上幼儿园的时候，一回家就像小鸟一样叽叽喳喳什么都讲，后来长大了讲得越来越少了。而在咨询室里，很多青少年告诉我："和爸妈说没有用，他们还会借此对我一通教育烦死了。""他们从来不会认真听我在说什么，只是讲一堆有的没的。""有代沟，没法沟通，比如我随口讲个同学组cp,我妈问我啥是cp,我解释了之后我妈就开始对我进行一通恋爱教育，我的天，我只是随口说一句，她就说了十句。"我想，家长想要能够安抚孩子的情绪，要做的第一步还是让孩子愿意和你讲，只要孩子能够表达出来，就为家长提供了一个好机会，去了解孩子到底遇到了什么困难。如何让孩子愿意讲，每个家长的方法会各所不同，我唯一确定的是，孩子们进入青春期后，不喜欢你讲得比他们还多，也不喜欢家长动不动讲一堆大道理，更不喜欢家长大惊小怪，借机挖苦、嘲弄、批评他们的所作所为。做到了这第一步少说多听，才有可能进入第二步，安抚孩子的负面情绪。其实，如果你是一位不擅长安慰孩子的家长，你只需要做一件事，就是听青春期的孩子讲述，要知道情绪占用认知内存，孩子在讲述的过程中自然宣泄了情绪，他（她）的想法也会随之改变。如果你愿意多做一点，也许可以帮助孩子了解自己的情绪，比如，你可以说："我知道你现在很难过。""能感到你有点着急。"家长要试着帮助孩子用语言来标注自己的情绪，不急着改变他们的负面情绪，你可能会发现青春期孩子的情绪本来就是此起彼伏的,他们更需要的是一个可以接纳这些情绪的空间,而不是一堆成年人的评价和教育。

·补充阅读

了解更多青春期孩子大脑发育的特点,参考:

李世佳.压力心理学:从大脑、个人成长到心理健康[M].上海:上海教育出版社,2021年.

第三课
除了"买买买",请听听孩子的心理需求
——了解需求层次理论

· 案例分析

"爸爸妈妈,求求你们看看我!——割腕少女小Q的心声

小Q是被班主任要求来心理咨询室和心理老师聊聊天的,她是一名初二女生,长相甜美,笑起来有两个小酒窝,进门时还会礼貌地指着沙发问我:"我可以坐这里吗?"实在想不到的是,这个可爱的女孩子上周刚刚在家割腕,她伸出自己纤细的手臂给我看那些伤口,一道道密密麻麻的血口散开在她的手腕内侧,让我想起盛开的罂粟花。我有些心疼,轻轻地问小Q:"是什么让你这么痛苦,却说不出来?"小Q笑着说:"没有什么痛苦的,就是割一割自己感觉会好一点。"

小Q随口说的这句话其实非常真实,实际上,这也是非自

杀性自残的功能所在。已有的研究发现，青少年看似不可理喻的自残行为能够激发皮质醇的分泌，进而起到暂时缓解压力的作用，只是这种激发皮质醇分泌的方式有时会带来更为惨痛的后果。我唯一可以确定的是，在小Q割腕之前一定有一些事情让她觉得愤怒、烦躁甚至委屈、难过，这一团混乱的情感让小Q不知道该如何面对，她也说不清楚自己的感受到底是什么。

于是我开始慢慢地引导小Q："还记得你割自己之前发生了什么吗？也许回忆这些本来就需要一些时间，我们可以慢一点。"小Q看了我一眼，开始一点点说出事情的原委。这是她上周六在家的时候，妈妈一直在带6岁的弟弟写作业，爸爸还在出差没回来。她在房间里不小心撞到了柜子门上，膝盖蹭掉了一层皮，她想要问妈妈创口贴在哪里。小Q在房间里喊了几声妈妈没有回应，跑到客厅里又叫了几声，妈妈和弟弟还是沉浸在他们两个人的世界里。"也许是没听到，也许是不想理，我也说不清楚，反正这么多年就是这样，他们基本上没空管我。"小Q在讲述的时候脸上没有什么表情，看不出她是难过还是委屈。接下来她像描述别人的事情一样，淡淡地说："然后我就进房间默默开始割自己的手臂，此前我有个同学这样做过，我还不太能理解，不会疼吗？我用美工刀割了第一刀之后突然明白了这种感觉，一下子觉得什么东西被释放出去了，甚至有点上瘾，我就一刀一刀地割，下手越来越重，书桌上开始弄得到处都是血，我不清楚过了多久，我妈进来看到了，她吓了一跳，然后她就联系了我的班主任，这操作也是绝了，然后周一我就被带过来了。"小Q讲述的时候，我能明显感觉到她对妈妈的失望，甚至愤怒。我试探性地说："其实，当你叫妈妈叫了好久，她没有反应的时候，那种感觉可能是非常绝望的。"小Q沉默了一会儿说："是的，我都习惯了，习惯了这么久，从小学开始就是一个人面对整个世界，有时，我只是想让他们也看看我。"

· 心理知识

<u>马斯洛的需求层次理论</u>

不少家长在上面的案例中可能已经解读到了小Q的心理需求，这个14岁的姑娘虽然很懂事，也明白爸爸妈妈需要照顾年纪比她小的弟弟，但是，当她在学校遇到各种学业、人际方面的压力时，她是多么渴望能有一束关注的目光。实际上，青春期孩子的需求还真挺复杂，远远不止不少家长以为的"买买买"，他们还有更高级的心理需求。早在20世纪，美国心理学家亚伯拉罕·马斯洛（A.H.Maslow）就从人类动机的角度提出了需求层次理论，这个理论可以帮助我们一窥孩子们到底需要什么。

需求层次理论强调人的动机是由人的需求决定的，而且人在每一个时期，都会有一种需求占主导地位，而其他需求处于从属地位。人的需求分成生理需求、安全需求、归属与爱、尊重需求和自我实现五个层次。需求是由低到高逐级形成并得到满足的。

在马斯洛看来，一个饥肠辘辘的人，人生的目标就是找到食物果腹；一个缺乏安全感的人，他对生命的追求是安全；归属与爱和尊重需求也一样，得不到满足就会有缺失；"自我实现"是"少有人走的路"，只有那些低级需求获得真正满足的人才可能走上自我实现之路。

现在，让我们来看看这些需求到底是指什么。

1. 生理需求（Physiological needs）

指人类维持自身生存的最基本要求，包括饥、渴、衣、住、性、健康方面的需求。生理需求是推动人行动的最强大的动力。

未满足生理需求的特征：什么都不想，只想让自己活下去，思考能力、道德观明显变得脆弱。例如：当一个人极需食物时，会不择手段地抢夺食物。

2. 安全需求（Safety needs）

指人对安全、秩序、稳定及免除恐惧、威胁与痛苦的需求。

一个人的安全需要没有得到满足，往往会感受到身边事物的威胁，觉得这世界是不公平或是危险的。身心常处于应激状态，紧张焦虑彷徨不安。例如，社会出现恶性暴力事件时，人们可能会感到焦虑不安，认为周围很危险，不敢出门。

3. 归属与爱（Belonging and Love）

指一个人要求与他人建立情感联系，以及隶属于某一群体并在群体中享有地位的需求。

这一层次的需求包括两个方面。一是友爱的需求，即人人都需要伙伴之间、同事之间的关系融洽或保持友谊和忠诚；人人都希望得到爱情，希望爱别人，也渴望接受别人的爱；二是归属的需求，即人都有一种归属于一个群体的需求，希望成为群体中的一员，相互关心和照顾。这种需求属于较高层次的需求。

缺乏归属与爱需求的特征：因为没有感受到身边人的关怀，而认为自己没有价值活在这世界上。例如，一个没有受到父母关怀的青少年，认为自己在家庭中没有价值，所以在学校交朋友时，无视道德和理性寻找朋友或是同类。譬如说，青少年为了让自己融入社交圈中，无视社会规范，吸烟、打架、逃学。

4. 尊重需求（Esteem needs）

属于较高层次的需求，如：成就、名声、地位和晋升机会等。尊重需求既包括对成就或自我价值的个人肯定，也包括他人对自己的认可与尊重。

无法满足尊重需求的特征：变得很爱面子，容易被虚荣所吸引或是用积极行动获得他人认同。例如，利用暴力来证明自己的强悍，努力读书让自己成为医生、律师来证明自己在这社会的存在和价值。

5. 自我实现（Self-actualization）

是最高层次的需求，指人们希望最大限度地发挥自身潜能，不断完善自己，完成与自己的能力相称的一切事情，实现自己理想的需求。

马斯洛提出，为满足自我实现需求所采取的途径是因人而异的。自我实现的需求是在努力实现自己的潜力，使自己越来越成为自己所期望的人物。

缺乏自我实现需求的特征：觉得自己的生活被空虚感、无意义感推动着，要去做证明自己身为一个"人"应该在这世上做的事。

值得注意的是，在马斯洛看来，需求的产生由低级向高级的发展是波浪式地推进的，在低一级需求没有完全满足时，高一级需求就产生了，而当低一级需求的高峰过去了但没有完全消失时，高一级需求就逐步增强，直到占绝对优势。低层次的需求基本得到满足以后，它的激励作用就会降低，其优势地位将不再保持下去，高层次的需求会取代它成为推动行为的主要原因。有的需求一经满足，便不能成为激发人们行为的起因，于是被其他需求取而代之。

孩子在不同的年龄发展阶段，需求也在不断变化，家长需要根据他们的年龄发展特点不断做调整，这是很多家长在孩子进入青春期之后容易忽略的。因为孩子的需求和小学阶段相比已经有了明显变化，家长也需要来做相应的调整。

一般来说，在0—2岁阶段，孩子最大的需求就是生理需求，他们需要在这个世界上生存下去。这一年龄段的孩子最大的特点就是，谁抚养他（她），谁和他（她）在一起的时间最长，他（她）就跟谁最亲近，因为这个人满足了孩子的生理需求。

到了2—7岁阶段，孩子开始发展出安全需求、归属感和爱的需求。随着孩子逐渐长大，接触外界的机会也越来越多，在他们的眼里，一切都是未知的，都充满了挑战。这时，安全需求逐渐增长。他们需要有个"可以充电"的地方，让他们觉得随时可以获得支持和力量，满足他们的安全需求、归属和爱的需求。

到了7—12岁，孩子们逐渐进入青春期，尊重需求开始增长，这个阶段的孩子大部分的时间都是在学校度过，孩子的生活重心也从家庭转向学校。孩子会逐渐发现，自己有权决定一些事情，有时候可以不用父母的同意而完成一些事情。此外，孩子的社交需求越来越明显。社交就涉及人与人之间的关系，而人与人之间最起码的相处原则就是尊重。在学校里，孩子体验到了被同学尊重、被老师尊重的感觉，回到家也会想要父母的尊重，逐渐开始反抗父母的权威。如果此时父母没有及时发现孩子在需求上的转变，就会针尖对麦芒，自然无法处理好亲子关系。

等孩子到了12—20岁，也就是进入了青春期，尊重需求强烈，自我实现需求逐渐增长。实际上，处于青春期的孩子，心理和生理上都走向成熟，自我意识加强。不再渴求父母事无巨细的照顾。这一时期的孩子，身体机能基本完善，有些孩子长得比父母都高大，这时候孩子基本是一个能为自己行为负责的独立个体了。他们意识到，自己不再需要父母的管教和庇护，这一时期的孩子，生理需求和安全需求已经降到很低的水平。不少青春期的孩子和我说不明白为啥爸妈不让自己单独乘坐地铁、周末和同学出去聚会，对于他们这些半大的小人儿来说，如果家长还是以对待小朋友的方式与他们相处，只是关心他们的生理需求和安全需求，可能就会出现和孩子"话不投机半句多"的情况，这个阶段，他们更需要的是被尊重，以及逐步进行自我实现。

回到小Q的案例，家长们可以清楚地看到，已经进入青春期的小Q被尊重的需求显然没有得到满足，不管是妈妈是没有听见还是选择性地忽略，至少在小Q的感受里，这种被忽略的感觉已经持续太久了。此外，在有了弟弟之后，小Q在青春期前期安全需求、归属和爱的需求是否得到了满足呢？这可能也是小Q埋藏了很多委屈与愤怒，却只能选择朝自己发泄的原因，这种情况也需要整个家庭一起来做一些调整，让小Q找到没有弟弟之前被重视的感觉。

· 心理老师对你说

如何回应孩子的心理需求

回应孩子的心理需求，第一步是了解孩子的需求到底是什么。对于青春期的孩子，需求远远不止被保护，更强烈的心理需求是被尊重、被信任以及自我实现。

对于孩子被尊重的需求，家长们要注意自己说话的语气，简单来说，在办公室不会对同事讲的话，在家里就不要和孩子讲了。我见到一些家长，在工作场合不得不收敛自己的情绪，满足领导和同事的期待，回到家里反而无所顾忌，将自己压抑的愤怒、委屈、挫败等负面情绪一股脑儿扔给孩子，各种挖苦、讽刺、批评、辱骂，或是如案例中小Q的父母，长期忽略小Q的需求和声音，这些做法给孩子的感觉就是不尊重。可惜的是，很多家长对于自己不尊重的做法毫无觉察。

举个例子，有一对母女来我这里做咨询，女儿已经高一了。我询问她们："需要茶水吗？"妈妈说："不用不用，我们自己带了。"坐下后，我问这个高一的姑娘："你想要单独和我讲话，还是妈妈也在，一起先聊一下？"妈妈没等女儿回答立刻说："我们先聊一下，我要把情况和你讲讲。"还没等女儿和我回答，这位妈妈已经滔滔不绝地开始说女儿最近在学校谈恋爱被分手的事情。在这个小片段里，可以看到妈妈非常着急想要更快地帮到女儿，但也可以看到妈妈几乎是习惯性地忽略女儿的想法和感受，比如女儿是否需要茶水，女儿是否需要有个空间先和我单独聊聊，女儿是否想要这么快在一个陌生的咨询师面前谈自己分手的事情。也许，对这位母亲来说初衷的确是更快地帮到女儿，但有时尊重的态度就是体现在这些小小的细节里。把自己的孩子真正看成一个有独立想法和感受的不一样的生命。

我再举个例子，这是一个来心理咨询室的小学二年级的小姑娘告诉我的。她说在学校里不开心，不喜欢自己的班主任。我问她这个班主任做了什么让她不喜欢。小姑娘低着头说："我们班主任发卷子的时候，给考得好的同学都是递过去的，给考得不好的同学，比如像我这种学渣，就扔在地上让我们自己去捡。她有时扔一堆差学生的卷子，我们就挤在一起捡，特别侮辱人。"孩子虽小，哪怕是刚刚二年级的小学生对这些身体语言也会如此敏感，尊重不尊重，他们心里最明白。

青春期的孩子还有个容易被家长忽略的需求，就是被信任。我一直不赞成家长像防贼一样防着青春期的孩子用手机，谁喜欢被监控的感觉呢？潜台词就是"你管不好自己的""你还小"，但是我们都知道青春期的孩子本来就处于半大不小的阶段，"做自己""像个大人"是他们内心的呼声，这样防贼式的管控很容易和孩子之间形成"猫鼠游戏"，孩子越管越"不听话"，家长越管越"暴怒、无能为力"。其实，我们如果了解到青春期的孩子有被信任的需求，也许就会采用更有智慧的方式引导孩子合理使用手机。比如和孩子商量,"你已经长大了,自己能管理好自己,让我们一起约定使用手机的时间"。如果孩子一开始做不到,家长也能信任他们,继续引导他们学习如何管理:"手机的确让人沉迷,咱们得慢慢来,上周有两天你管得很好,有两天'划水'啦,我们看看怎样能更好地管理,你有啥想法吗?"有一个和青春期孩子相处的小秘密,那就是,你越能以对待大人的方式对待他们,他们越会表现得像个大人,被信任是孩子们这个发展阶段非常重要的需求。其实,又何止青春期的孩子需要被信任,我们每个人都需要被信任的感觉。家长们可以换位想一想,在这个世界上,如果有一个人无条件地信任你,你是不是就会有充满底气的感觉,是不是会更有勇气克服困难,或是面对流言蜚语?

最后一个不得不谈到的需求是自我实现,我们可以较为简单地把这个词替换成一句网络流行用语,叫作"刷存在感"。每个青春期的孩子都试图以各种方式向自己所在的群体证明自己的厉害之处,这是一个正常而宝贵的需求,这个需求促使孩子们在青春期探索自己的所长、发展自己的潜能,逐渐形成自我同一性,也就是确定了"我是谁""我能做什么""我擅长做什么"等这一系列"拷问灵魂"的问题。也正因为如此,不少家长骂自己的孩子"干啥啥不行,吃饭第一名时",或是用隔壁家的小明试图激励自己的孩子时,需要注意到你自己的娃也有自我实现的需求。在初高中的学校环境中,成绩好是容易刷到存在感的方式，但是还有80%成绩一般的孩子如何刷自己的存在感？我们家长要有意识地培养孩子看到自己的优势，而不是局限于学业成绩；看到自己的特点，而不是每次考试的分数。要知道，人的智力远远不止在学业成绩中表现出来的分析智力，还包括在实践操作中才能体现出来的实践智力和决定专业高度的创造性智力，而后两者在目前的学校学习中较少体现。家长和老师如果只以分数为大，忽略了孩子自我实现的需求就太可惜了；相反，我们要做的是协助孩子去发现自己的优势所在，帮助他们找到合适的领域去自我实现。

· 家长操练手册

学会欣赏你的孩子

"学会欣赏你的孩子"是一个简单却每每能触动很多家长的小练习。在家长沙龙里，我常常邀请家长们在一张大白纸上写下20条自己孩子的优点，有不少家长会说："20条估计写不到，我家这个不行。"结果在静下心来慢慢回忆的过程中写出了好多孩子的优点，在和其他家长分享的过程中居然又发现了更多自家孩子的优点。这种不一样的视角对孩子来说十分重要，如果家长能够发现孩子的特长和优点，孩子也会变得更加欣赏自己，成为更好的自己。现在，也请你试试看，试着写出孩子的20个优点，你需要给自己一点安静的空间，慢慢回忆生活中的点点滴滴，慢慢梳理那些日常生活中可能被你忽略的部分，我想邀请你用不一样的眼光去重新看看身边这个"小人儿"，去重新体会这个孩子的内在世界。

你还可以邀请自己的另一半一起完成这个练习，看看你们写的会不会有不一样的地方。如果你再多一些勇气，可以试着将你们写的讲给孩子听，也听听孩子眼中的你们。

不少家长在做这个练习时会遇到困难，其中最难以自知的困难是"敷衍"，有些家长也能写出一串自己孩子的优点，但那些"深恶痛绝"的缺点只是被压在嘴边没有讲，造成了即便在讲孩子的优点，也会让孩子十分生气。我记得有一位母亲在咨询室里刚说了一句"我孩子最大的优点啊，可能就是比较善良吧"，坐在一旁的女儿眼泪就出来了，我轻轻地问这个蜷缩在角落里委屈的高中生："妈妈这样讲似乎让你很难过，你能讲讲你的眼泪想说的话吗？"女孩子带着哭腔说："我在她身边16年了，她只能说出我的优点是善良，她真是从头到尾不了解我，也看不见我。"这孩子的话其实说出了我们不少家长的问题，但同时也给了母女一个沟通的机会，我于是继续询问她："你能讲讲看那些妈妈没有看到，但你自己心里知道的自己吗？要谢谢你愿意在这里说出来。"接下来，这个高中生开始说到自己感兴趣的社团活动、读过的书、和朋友们在一起时不一样的性格等等，而这些都是妈妈不曾看到，也不曾了解到的。

学会欣赏自己的孩子，需要跳出我们本来的视角。记得一位严谨的教授妈妈怎么都无法欣赏自己学艺术的女儿，"她的房间怎么能乱成那样？这个拖延的习惯我也完全不能理解，为什么就不能制订个日程表来完成呢，这都是可以解决的问题。当然，她和我不一样，没有制订目标、做计划、解决问题的思路，我理解，但她可以提出一个长期规划嘛，这生活、学习搞得一团糟。"实际上教授的女儿是典型的艺术型小天使，虽然房间一团糟，但总能找到自己的东西；虽然没有日程表，但也有自己的学习规划；虽然拖延、熬夜，为一个创意殚精竭虑，但总能"厚积薄发"，创意惊人。只是这样的思维方式和行为习惯并不适用于教授妈妈的研究领域（实验研究）。但只有教授妈妈跳出自己本来的思维习惯（明确目标、严谨规划、解决问题），她才能看到并欣赏女儿非常发散性的思维方式、对周围世界敏感的体察以及在艺术创造上执着的热情。

· 案例故事

请听听孩子的心里话

人物出场

我看到晓宇时，他正和妈妈安静地坐在接待室里，眉宇之间似乎有些淡淡的忧郁。这个12岁的小男孩在咨询前需要填写的预约登记表上赫然写下了四个字"死亡恐惧"，而晓宇的妈妈则在一旁赶忙说："张老师，我想先和你谈谈。"

"直接带我去吃药好了……"

在咨询室里,晓宇的妈妈没等晓宇自己开口,就迫不及待地和我讲了最近发生在晓宇身上的事。原来三个月前,晓宇的外婆去世了,自此之后,晓宇就会断断续续地提到自己老是有关于死亡的想法,可是这个想法又让他觉得害怕,觉得不应该这样想,却又忍不住。

晓宇的妈妈有些难过地苦着脸说:"其实,晓宇的外婆去世,我也特别难过,但是,看到晓宇现在这样,我心里更不好受,也不知道能做些什么。"

我看了看晓宇,他在一旁皱着眉头,抱着手臂,似乎有些生气的样子。

"晓宇,看到妈妈这样讲,你好像不太高兴?"

"她总是动不动就哭,我早说了,直接带我去医院开药好了,人家说吃了药就不会胡思乱想了,她也用不着难过了。"晓宇低着头,口气有点冲。

"晓宇妈妈,晓宇看你难过似乎有些生气,你知道发生了什么吗?"

"他可能有些嫌我烦,张老师,我能不能直接问你,晓宇是不是得了强迫症了?我在网上查了一些强迫症的资料,晓宇的症状还挺符合的,他这个想法控制不住,自己也觉得很痛苦……"晓宇妈妈说到这里的时候,晓宇在一旁不耐烦地转过了身,好像要离妈妈远一点一样。

"晓宇，妈妈说的不对？"我转过身问他。

"没什么不对的，她说什么就是什么，不如直接去吃药好了。"

"晓宇，我猜想妈妈讲得不完全对，你在登记表上写想要咨询的问题是关于'死亡恐惧'的，你能多讲讲这到底是什么意思吗？"

"这个词是我从网上看到的，我其实挺怕死的，但老是忍不住去想，一想又害怕。我和妈妈提到过几次，一提她就神经紧张，说我得了强迫症啦，说我是不是真的不想活啦，还老是哭……"

"呵，晓宇，你不希望妈妈这样看待这件事，那你自己是怎么看这些奇怪的想法的呢？"

"我不知道，也许，是外婆病倒后开始的。"说到这里，晓宇的眼眶红了。

"外婆到底到哪里去了？"

征得这对母子的同意，我和晓宇单独聊了大概半小时。出乎意料的是，母亲刚走开，晓宇就凑过来问我："你是心理老师对吧，你能告诉我外婆到底到哪里去了吗？"

"晓宇，我注意到你讲到外婆的时候特别难过，你其实真的不想她离开你，是吗？"

"嗯，外婆一直带我长大的，那天，我看到她躺在那里，很白，我就忍不住一直在想，外婆是死了吗？死了之后会到哪里去？"说到这里，晓宇的眼泪掉了下来，他咬着嘴唇，好像要努力把这些眼泪咽下去一样。

我似乎体会到晓宇的悲伤,默默陪伴着他。

"外婆病重的时候,一直和我说,她不想离开我,我也……不想离开她,妈妈说,外婆会在那边等着我们,可她又不告诉我,那边到底是哪里,我想现在就去……"晓宇抽泣着说:"外婆像是睡着了,我同学说,人死了就会那样,是那样吗?外婆还会回来吗?我问爸妈,他们总让我不要问了,别想了,可是他们越这样说,我越忍不住去想……"

在这半个小时里,晓宇和我讲了很多他的疑问。其实,从外婆突然病倒开始他就开始想死亡的问题,在我听来,这些头脑中所谓"奇怪的想法"其实是他在表达对外婆的不舍和依恋。而晓宇的父母因为怕他没法接受外婆去世的打击,尽量避免和他谈论这件事,也没有带他一起去参加外婆的葬礼,反而让晓宇没法从内心深处接受外婆已经离开的现实。

第一次咨询结束的时候,我邀请晓宇的妈妈一起坐进咨询室,引导她看到晓宇对外婆的不舍,那些死亡恐惧在很大程度上是对外婆的一种悼念。我邀请了晓宇一家下周一起来咨询,一起祭奠已经离开的外婆。

告别外婆

第二周,晓宇一家如约来到咨询室里。在过去的一星期里,晓宇那些关于死亡的想法居然不知不觉地变少了,我问晓宇:"你是如何做到的呢?"

晓宇挠挠脑袋，支支吾吾地说："我也不知道啊，没太多想，但有时晚上还是会想起来，尤其是自己躺在床上，一想到死就挺害怕的。"

我又问晓宇妈妈："你做了什么让晓宇有了好的变化呢？"

晓宇妈妈说："也许是因为我不再觉得晓宇得了强迫症，也不再胡思乱想他会不会……反正，我好像放松一些了。"

晓宇爸爸在一旁补充说："晓宇妈妈是有时候太紧张了，我早说没事的，不过，晓宇外婆突然病重走了，对她的影响其实也挺大的。"

爸爸这样说的时候，妈妈低下了头，眼泪一滴一滴地落下来，看起来，整个家庭其实都还在失去亲人的痛苦中。

接下来，我邀请这一家人一起谈谈已经离开的外婆，还请晓宇用画笔画出他心目中外婆的样子，对外婆说出他的疑问以及没有来得及说出口的话。

最后，我还建议晓宇给外婆写一封信，爸爸妈妈可以带着晓宇一起去外婆的坟前，把这封信念给外婆，这完成晓宇内心深处对外婆的悼念仪式。

现在的班级像个冰窖

第三次咨询的时候，晓宇关于死亡的念头明显减少了，却仍然觉得没意思，他告诉我："有时想想，人总是要死的，不知道活着到底有什么意义。"我隐约觉得，需要和晓宇单独谈一谈，看看这无意义感背后到底是什么。

"我也不知道,只是觉得很没有意思,不知道现在努力啊,上好的初中啊,考高分啊,到底有什么意思。"晓宇低着头,有些迷惘地说。

"晓宇,这种感觉是从什么时候开始的呢?"

"挺早就有了,老觉得没意思,现在转学到了这个学校,更觉得没意思。"

"你是说,转学到新学校后这种感觉好像变得更强烈了?"

"对啊,现在的班级跟个冰窖一样,一个同学我都不认识,以前大家觉得没意思了,还能互相抱怨抱怨,说出来就会感觉好些了,反正大家的感觉都差不多,现在,我只觉得连个说话的人都没有,成绩也不如以前了,我真不知道有什么意思。"晓宇说着,用双手抱着头,看上去非常困扰。

"晓宇,当你说没意思的时候,我体会到你其实觉得很孤独,也非常希望改变这样没意思的现状,只是暂时还没有看到出路,是吗?"

晓宇若有所思地点点头。

"晓宇,试着想象一下,怎样才能让你觉得没那么没意思呢?"

"我也不知道,也许,是有人可以和我一起面对这些没意思吧。"

接下来,我和晓宇一起谈到了他目前在班级中遇到的困难,也一起讨论了如何去认识一些新朋友,改变学习方法,适应现在的学校。

听起来，晓宇这种没意思的感觉，并不仅仅和死亡恐惧有关，更多的是因为在现实生活中遇到了学业、交友方面的困难，再加上一直非常依恋的外婆三个月前去世了，其实，晓宇真正需要的是支持和陪伴。

"一串拴在一起的风铃……"

第四次咨询的时候，晓宇告诉我一个好消息，这周他参加了学校里举办的辩论赛，忙着和几个同学一起讨论，居然没有时间想到和死亡有关的话题了。这次咨询中，我有些时间和晓宇单独谈，和他一起讨论了未来的梦想。晓宇说，他想做个作家，学中文，希望未来可以写出让人有启发的书；他还想锻炼身体，把篮球练好，在新班级里交几个真正的好朋友。

在我和整个家庭一起工作的过程中，晓宇妈妈有些感慨说："其实，我和他爸爸都特别怕晓宇受到伤害，好想要努力保护好他，没想到这样对他并不好，他也比我想象的坚强很多。"

"我们也没有注意到，晓宇现在转到这个新的学校，其实会有些不适应，他以前的好兄弟都离得远，新的朋友圈又没有形成，我们只看到他所谓的问题，却没有注意到问题的背后是什么。"晓宇爸爸补充说。

"但是，我的确注意到你们一家其实是紧密地联系在一起的，也非常为对方考虑，晓宇自己也提到，外婆去世了，他其实觉得妈妈也很伤心，不知道该怎么帮到妈妈。"

"我们一家本来就是一串拴在一起的风铃嘛!"晓宇突然在一旁嘟哝了一句。

"也许,以后,当你们家这串风铃遇到困难、问题的时候,就会更加懂得如何真正地支持彼此,一起去面对了,对吗?"我笑着对这一家人说。

后记

两个月之后,晓宇自己主动要求又来做了一次咨询。这一次,他和我单独谈了一个小时,讨论了他在和新同学交往中遇到的一些问题,有些同学比较自私,还有些成绩不好的学生邀请晓宇一起去抽烟喝酒,晓宇自己觉得不太好,却又不想失去一些朋友,他不知道该怎么更好地和这些朋友相处。我主要和晓宇讨论了他对朋友的定义,帮助他更好地确定自己的边界,学习在坚持自己原则的基础上有弹性地和朋友们交往。而在这次咨询中,晓宇也提到自己好像已经没有时间去想和死有关的事情了,他会把外婆放在心里,让外婆看到自己可以做得很好。

·补充阅读

想要学习如何欣赏自己独一无二的孩子,推荐影片《地球上的星星》《放牛班的春天》,还可以回想一下你曾经有过的被尊重、被欣赏的经历。

第四课
如何"听",孩子才会和你"说"
——人际沟通的小秘密

· 案例分析

"孩子发生这么大的事情为什么不告诉我?"——一位老父亲的灵魂拷问

老张是一名软件公司的中高层管理者,对自己的专业有热情、有技术,对自己的下属有耐心、有威严,老张的太太走得早,尽管老张工作繁忙,他还会在每个周末安排时间陪伴自己的女儿,简直是小区爸爸群里公认的"模范老爸"了。可是,让模范老张没有想到的是,孩子上初中时报了个一对一的家教,居然被老师性骚扰了,更让他万万没想到的是,这件事不是女儿亲口告诉自己的,而是半年后女儿出了心理问题去看了心理医生,心理医生征得小姑娘的同意在咨询室里来了场全家咨询时他才知道的。模范老张几乎要崩溃了，一是恨不得亲手揍一顿当初的家教老师，二是不明白为什么当时女儿不告诉自己，三是不知道事到如今自己还能做什么。

实际上，小姑娘经过三个月的咨询已经从那次糟糕的被性骚扰的经历中走出来了，不再责怪自己做错了什么，也不再觉得所有的男老师都很可怕、不可信了。现在，她鼓足勇气决定在咨询师的协助下让爸爸知道，所以才有了上文提到的那场全家咨询。在咨询室里，老张的表情十分痛苦，他像是在喃喃自语，又像是在问咨询师："孩子发生这么大的事情为什么没有告诉我？"这时候，老张的女儿很有勇气地抬起头，对老父亲说："爸，其实我想过告诉你，但我觉得你会怪我，说是我做错了，以前每次提到和老师有不愉快，你总说我要反思自己，我这次也的确花费了好多时间来反思自己。"说到这里，小姑娘的眼泪涌了下来，她接着说："但是爸爸，我想这次真不是我的错。"

老张既悲伤又惊讶地看着女儿，喃喃地说："闺女，我没有想要指责你，要是当初你告诉我，也许我能第一时间站出来保护你，爸爸，真的很对不起你。"。

有很多家长都问过我类似的问题："为什么孩子不告诉我？"我想，青春期的孩子本来就如此敏感，想法也多，他们会预设家长对自己、对自己的朋友、对发生在自己身上的事情的态度，这也造成了青春期孩子和父母之间的沟通壁垒。

· 心理知识

<u>一个人如何理解另一个人——镜像神经元的研究启示</u>

如何"听",孩子才会"说"?这是令很多家长感到困惑的问题。许多家长在咨询中说:"孩子不知道从什么时候开始不愿意和我讲了。简单来讲,孩子觉得被理解了,才会更愿意和父母分享。在这里,我想介绍一些关于一个人如何理解另一个人的心理学知识。实际上,关于一个人是否真的能理解另一个人最早是个哲学问题,随着认知神经科学的兴起,科学家们才能在机理层面回答这个"子非鱼,安知鱼之乐"的问题。简单来讲,我们人类的大脑中存在着镜像神经系统,该系统能够帮助我们理解他人行动和动作的意图。近期的研究发现,镜像机制也存在于大脑的情绪中枢,无论是自然刺激还是观察他人引起的情绪感受,都会激活我们对情绪进行综合与控制的脑结构(如杏仁核、前扣带回等区域)。也就是说,我们对他人的情绪能够进行直接的、第一人称式的理解,即"你的疼痛就是我的疼痛"。换句话说,我们具有理解另一个人的能力,而且,很多时候,我们并非通过语言,而是"直接的感同身受"理解另一个人。

镜像神经系统一定程度上回应了家长们的疑问,如何听孩子才会说呢?其实很多时候,孩子们没有听家长在说什么,而是通过直接的理解抵达你的内心深处,"脑补"了你想说的内

容。以下是一些青春期的孩子告诉我的片段:

> 小A说:"我妈说对我没啥要求,看看我没考好时她那张脸,我才不信呢!"
>
> 小B说:"有一次我和我妈说到我一个好朋友谈恋爱了,她成绩不太好,但真的是个宝藏女孩,结果我妈一脸鄙视,还说成绩不好还这么多事,后来我就不想和我妈说这个朋友的事了。"
>
> 小C说:"自从我得了抑郁症之后,爸妈对我确实再也不打骂了,但我心里很明白,他们在克制,只是迫不得已暂时妥协而已。"

有时我们特别自信自己很了解孩子们脑袋里的想法,其实孩子们也一样,镜像神经系统可以让我们跳过语言的沟通直接了解对方的所思所想。也正因为如此,当有些家长抱怨说"孩子为什么不再和我说了,我明明在努力聆听孩子"的时候,通常我都会问一问:"其实你对孩子所讲述的事情真实的想法是什么?"

总而言之,家长们也许不需要努力装作理解了孩子,真诚地说出自己的所思所想会更好。比如在刚才的例子里,如果小A妈妈能直接说出来"妈妈有时的确觉得对你没啥要求,但是看到你考不好,还是有些失望",也许小A反而更能接受妈妈也有很多面,也有冲突的时候,而这些不正是人之常情吗?也许小B妈妈可以坦诚地说出自己的想法:"妈妈觉得这孩子挺能折腾的,不过她是你的好朋友,你心里的她肯定不一样吧。"如果这样,小B就会愿意多和妈妈讲讲她心里的这个宝藏女孩。小C妈妈也可以说:"你生病之后我们的确觉得自己也需要改变,所以努力克制自己不要对你乱发脾气,不过有时候情绪还是在的,爸妈也是第一次做父母,有情绪时先不爆发出来,而是反思反思自己,这也是我们的一个小小的进步。"其实,在咨询室里,我也是这样帮助家庭成员进行沟通的:坦诚地说出自己的想法,接受自己是个普通人、一个内在有矛盾的人,看到整个家庭的进步和自己的改变。

· 心理老师对你说

<u>和青春期孩子沟通,氛围比道理重要</u>

如何听,孩子才会说?让我们先看接下来的案例故事:

强强妈妈是公司的人力资源大总管,她来咨询室里刚坐下就开始向我抱怨:"我家小孩现在刚上预初,考试焦虑得不行,不仅是坐立不安了,这么小的孩子都开始失眠了!我给他讲道理,我说吧,只要你努力了就行了,学习是个长期的过程,你不用这么焦虑,要放松,放松才能考得好。我说得没错吧!这浑小子还嫌我烦,直接请我出他房间门,我真的很生气,我讲的道理难道错了吗?"

不用说,我们都能够理解强强妈妈想要帮助强强减少考试焦虑的急迫心情,现在的孩子面临的考试压力的确比我们当年大得多。不过,你也许已经注意到,讲道理对强强不太管用。其实,不仅对于强强不管用,对任何处在强烈情绪中的人来说,讲道理可能都不管用。因为当我们处于恐惧、焦虑等负面情绪中时,大脑中包括杏仁核在内的边缘系统被激活,有一条高速路直接从感觉感受器到丘脑再到杏仁核,根本不经过大脑皮层。也就是说,在我们有时间思考自己的反应之前,就已经对可能的危险刺激产生了自主的、非意识的反应!也正因为如此,和焦虑爆棚的强强讲道理,他是的确听不进去,这并不是你的道理不对,而是他现在还没有恢复大脑皮层的理性思考。那么,问题来了,我们为强强做些什么合适呢?

近期对于大鼠的研究发现,在回忆过往时,记忆会变得不稳定,并且记忆在再次被记住前,可以被有意识地操纵和改变。虽然目前这部分研究证据主要来自大鼠,即它们恐惧记忆的再巩固涉及杏仁核内额外蛋白的合成,但是,回到人身上,在心理咨询室里,咨询师通常都会和考试焦虑的孩子一起去谈论这些回忆,并且在谈论的过程中一点点引发孩子们重新评估困境,带着不一样的情绪去面对困难。这部分的工作,强强妈妈也可以做!

其次,强强妈妈可以给强强讲道理,帮助强强重新评估考试风险，从不同角度来看待问题。目前对于大脑的研究发现，情绪反应性一定程度上受到从皮层到杏仁核的自上而下的调节。也就是说，当我们能重新评价环境，试图从不同角度看待它们时，我们往往能获得不同的意义。不过，帮助孩子采用认知重评策略可不只是简单地讲道理，还需要了解孩子到底焦虑、害怕什么，有着怎样的认知评估，在此基础上再和他（她）一起做调整。有些家长看似讲道理，实际上目露凶光，满脸厌恶，喋喋不休，别忘了孩子们的大脑中都有镜像神经系统，他们会立即对你的情绪信息作反应，而不是去真正反思你讲的道理啦！

读到这里，家长们是否已经明白了该如何听，孩子才会说？过早讲道理可能阻碍了亲子沟通，打骂可能让孩子觉得他们也可以这样对待别人，忽略可能让孩子觉得自己是一个人在一望无际的海面上航行，身后却没有人能支持。不能打骂，不能忽略，还不能太早讲道理，做家长的太难了！但是，也许我们可以转换一下身份，作为一名可能被孩子信任的普通人，聆听另一个刚刚长成的生命的困境与喜悦，这本身就是值得珍惜的事情。带着这样的"听"，我相信大多数青少年依然愿意向家长敞开心扉。

· 家长操练手册

好好说话三步法

好好说话,并不是一件容易的事情。即便是在同一个屋檐下的家人,大多日常对话也根本就不在一个频道上。大家不妨留心下日常生活中家人之间的争吵,很多时候都在各说各的,发泄了情绪却并未聆听到对方的需要。在和青春期孩子的沟通时,这种没法好好说话的感觉更为明显。让很多家长深感纳闷的是——那个在自己眼皮底下长大的孩子怎么突然变得这么不可理解,甚至不可理喻?其实,想要和青春期的孩子开始一场真正的沟通也很容易,请大家回想一下,你和自己的同事是如何说话的,对不那么熟悉的同事,是不是常常用语礼貌、语气和善,还不忘面带微笑?好好说话的第一步,就是从理解对方的感受开始,从尊重对方的需要开始。你不妨先试着站在孩子的角度体会或是推测一下对方的感受和想法,比如:"你好像在学校里发生了一些不开心的事,整个人回家之后都火气好大。"或是"这两天你花了比平时更多的时间玩手机,作业也没有按时完成,像是遇到了困难,或是有什么心事"。以上这些表述都是试着站在对方的角度思考问题,也许有时猜测得并不准确,但是,试着理解对方的感受和想法,总是有效沟通的第一步。

我在咨询室里和家庭沟通时常常发现,家长如果能学习从孩子的角度体会他们的情绪，描述他们可能的想法，孩子往往会感到被理解，也愿意敞开话匣子多讲讲自己遇到的困境到底是什么。

好好说话的第二步，是表达自己的感受。也许，说出自己的感受对我们很多成年人来说并不习惯，尤其是面对自己的孩子。但是，我见过一些很有智慧的中学生，当父母情绪失控时，他们能及时表达自己的感受："妈妈你这样讲让我很难过。""看到你这样愤怒，我觉得手足无措。"他们这样表达自己的感受，并没有让战火升级，也坚持了做自己，更重要的是，还让处于情绪失控中的父母冷静下来，可以说是高情商的表现了。家长们也不妨多谈自己的感受，让孩子知道你的脾气和底线，你的脆弱和担忧。当我们在谈论自己的感受时，其实就是在示范孩子们如何管理自己的情绪，尊重自己的情绪。

在咨询室里，我见过一类比较特别的家长。他们很难体会到孩子的情绪，因为他们离情绪太远了，连自己的情绪都难以体认。这类家长往往也带着自己的创伤，不知如何觉察、表达自己的情绪。这时咨询室里的互动就成了最好的学习。

好好说话的第三步，是明确说出自己的需要，这才有可能开始协商。明确说出自己的需要并不容易，我们很多家长的口头禅都成了"我对孩子没什么要求"，但大家去问问孩子，他们往往都不信这样的话。其实，让孩子有边界感，明确规则的做法是说出自己的期待或是需要，例如，"这几天你总是拖到很晚才开始动笔写作业，让我觉得有些愤怒，也有些担心，我希望你能提前半小时动笔，尽早完成。"在这一小段表述中，家长就表达了自己的感受，也说出了自己明确的需要——"提前半小时动笔，尽早完成"。其实，大多数青春期的青少年在获得尊重和信任后，都会很乐意考虑父母的需要。家长们可以试试"好好说话三步法"，重新认识你的孩子。当然，如果你在孩子眼里一直是没法沟通的"外星人"，突然转变画风也会让孩子不信任或是不适应，有时需要持续的表达，例如"你是不是觉得我变得有些不一样，让你反而手足无措了？其实我也有些不适应，但我想要更好地和你说话，想要我们能听到彼此，所以我做了一些改变，我需要你慢慢地信任我，重新认识我"。在每个时刻里，试着保持真诚一致。有时，也需要在咨询师的协助下，全家一起来练习，让沟通成为真正的"沟通"。

· 补充阅读

为什么我们没法好好听人讲话？

倾听比我们以为的更加困难，有许多原因会使我们分散注意力，以下是四种常见的"倾听杀手"。

认知失调。一个人如果有两种或更多相互对立的态度时，会感觉到矛盾。人们会自发地来降低这种失调，即忽略那些会引起冲突的信息，毕竟倾听那些和我们固有信念相互矛盾的信息是危险的，大多数人只能听到自己想要听到的信息。因此，如果我们要真正尊重他人的观点，就必须放下这种自发的忽略倾向，仔细聆听。

焦虑。有时我们不能倾听是因为我们自己处于焦虑的状态中。焦虑情绪会让倾听者沉浸在自己的担忧中，难以听到别人真正表达的内容。

控制型倾听者。控制型的倾听者像是在演独角戏而不是在对话。他们总是习惯性地谈论自己和自己所想的，很少注意别人的非言语暗示。有时他们滔滔不绝，有时他们假装倾听，但总能把话题再拉回自己的人生经验中去。这一类型的倾听者会让沟通对象不再有和他们沟通的愿望。

被动倾听者。有一类倾听者是"左耳进、右耳出"型，他们对别人讲的话没有兴趣，只是做出在听的样子。更糟糕的是，这类倾听者对沟通无兴趣的态度也会让讲话的人处于无助的孤岛中，因为讲话者真正想表达的内容从未被听见、被尊重过。

实际上，即便是最善意和慈爱的父母，偶尔也会有意无意地做出否定的行为。否定的行为太多了，自然没法和孩子沟通。否定可能通过语言、动作、面部表情和肢体语言，表现在言语和非言语的各个方面。否定听上去就像是：

- "是的，但是……"
- "你不应该因为这点小事就感到不安/焦虑/沮丧/害怕"。

- "你就不能成熟一点吗"？
- "你姐姐从来就不会这样"。
- "我要是这样和我自己父母说话早就被打了"！
- "这根本没什么大不了"。

否定看上去就像是：

- 催促孩子赶快说完或是打断他（她）。
- 不相信孩子。
- 想把孩子的话题岔开。
- 翻白眼、不高兴以及摆出防卫的身体姿势（即便你认为孩子看不见）。

否定是有害的，容易让孩子觉得被误解，而且对于解决问题也没有帮助，甚至会加重问题。这点在情绪调节困难的孩子身上尤其明显，家长的否定（有时哪怕是语气和眼神）会让这些本来就不知道如何与负面情绪相处的孩子再次被"点爆"或是陷入抑郁。如果家长能放慢点速度，不急着立刻否定孩子，而是了解孩子到底发生了什么，往往能提供一个沟通的空间，也培育了孩子面对、表达、涵容自己情绪的能力。

不过，否定有时候也很重要，这种对否定的双重态度类似于辩证法，过犹不及。比如，当家长对孩子进行纠正性反馈，即帮助他们意识到不同的可能性时，听起来就像是否定，但这正是孩子成长和改变不可或缺的东西。比如：

- "我知道你可能在觉得我对你很生气，我想让你知道我并没有对你生气"。

- "你认为我不在乎你,但这完全不是事实"!
- "你觉得你们班级的其他同学都比你睡得晚,但是,我问过其他家长,很多孩子上床睡觉的时间和你其实是一样的"。

在以上的过程,不少家长会说自己是出于好意,但说出的话却句句伤人。沟通专家马歇尔·卢森堡博士将以上这些带来伤害的沟通方法称为"暴力沟通"。也许,我们并不认为自己的谈话方式是"暴力"的,但我们的语言的确常常引发自己和他人的痛苦。如果我们能有意识地学习一些非暴力沟通的方式,改变我们聆听和谈话的方式,不再条件反射式地去反映,而是去明了自己的观察、感受和愿望,有意识地使用语言,而不是被语言所利用,放肆地使用各种伤人伤己的话语,我们就可以诚实、清晰地表达自己,同时还能做到尊重与倾听他人。在每一次互动中,我们都能听到自己和他人心灵深处的声音,并且非暴力沟通的方式还促使我们仔细观察,明确提出自己的要求。

我们虽然处于一个信息爆炸的时代,但每个人又从未有过地局限在信息茧房内,似乎听不见别人的想法,更无法忍受他人的批评。家长如果能有意识地在家庭中发展非暴力沟通的方式,不仅能够改善亲子关系,和孩子开始一场真正的交流,也能为你的孩子培养一种理性对话的品质,而这种品质会真正让孩子受益终身。

具体来说,非暴力沟通包括四个要素。

首先,留意观察发生的事情。我们此刻观察到了什么?不管观察到的内容喜欢与否,尽可能只是说出人们正在做的事情。要点在于清楚地表达观察结果,而不是判断或是评估。这个步骤并不容易,我们太容易陷入道德评判、强人所难或是各种比较之中了。以下一首小诗可以帮助我们区分观察和评论。

> 我从未见过懒惰的人,
> 我见过
> 有人有时在下午睡觉,
> 在雨天不出门,
> 但他不是个懒惰的人。
> 请在说我胡言乱语之前,
> 想一想,他是个懒惰的人,还是
> 他的行为被我们称为"懒惰"?
> 我从未见过愚蠢的孩子;
> 我见过有个孩子有时做的事
> 我不理解
> 或不按我的吩咐做事情;
> 但是你说他愚蠢之前,
> 想一想,他是个愚蠢的孩子,还是
> 他懂的事情与你不一样?

我使劲看了看

但从未看到厨师；

我看到有个人把食物

调配在一起，

打起了火，

看着炒菜的炉子

我看到这些但没有看到厨师。

告诉我，当你看到的时候，

你看到的是厨师，还是有个人

做的事情被我们称为烹饪？

我们说有的人懒惰

另一些人说他们与世无争，

我们说有的人愚蠢

另一些人说他学习方法有区别。

因此，我得出结论，

如果不把事实

和意见混为一谈，

我们将不再困惑。

因为你可能无所谓，我也想说：

这只是我的意见。

——鲁思·贝本梅尔

非暴力沟通的第二个要素是感受,心理学家罗洛·梅认为,"成熟的人十分敏锐,就像听交响乐的不同乐章,不论是热情奔放,还是柔和舒缓,他都能体察到细微的起伏",而大多数人感受到的却是"像军号那样单调"。

清楚地表达感受需要丰富的词汇。"很好"或"很差"这样的词语很难让别人明白我们实际的状况。例如,如果我们只是说"我感觉良好",这个"良好"可能意味着高兴、轻松、欣慰或是别的。为了彼此更好地沟通情感,我们可以使用更具体的词汇,以下是常见的表达情绪的词汇。

(1)下列词语可以用来表达我们的需要得到满足时的感受:

兴奋 喜悦 欣喜 甜蜜 精力充沛 兴高采烈 感激
感动 乐观 自信 振作 振奋 开心 高兴 快乐
愉快 幸福 陶醉 满足 欣慰 心旷神怡 喜出望外
平静 自在 舒适 放松 踏实 安全 温暖 放心
无忧无虑

(2)下列词语可以用来表达我们的需要没有得到满足时的感受:

害怕 担心 焦虑 忧虑 着急 紧张 心神不宁
心烦意乱 忧伤 沮丧 灰心 气馁 泄气 绝望 伤感
凄凉 悲伤 恼怒 愤怒 烦恼 苦恼 生气 厌烦
不满 不快 不耐烦 不高兴 震惊 失望 困惑 茫然
寂寞 孤独 郁闷 难过 悲观 沉重 麻木 筋疲力尽

萎靡不振　疲惫不堪　昏昏欲睡　无精打采　尴尬　惭愧
内疚　妒忌　遗憾　不舒服

通过以上这些词汇,我们可以更清楚地表达感受,从而使沟通更为顺畅,有助于解决冲突。

第三个要素是需要。通常我们很难说出自己的哪些需要导致了那样的感受。因为我们的文化习惯一般来说并不鼓励大家直接说出自己的需要,但是如果家长在和青少年的沟通中能够坦诚地说出自己的需要,青少年也会从中学会表达自己的需要。实际上,很多青少年的心理困扰,尤其像人际交往困难,甚至自残等较为严重的心理问题,都和无法真正表达自己的需要有关。

第四个要素是请求。在表达了观察、感受和需要之后,我们可以请求他人的帮助。以什么方式提出请求容易得到积极回应呢?首先,清楚地告诉对方,我们希望他们做什么。如果我们不请求他人做什么,对方也许会感到困惑,不知道我们到底想要什么,而且容易引发别人的厌烦。这对青少年来说尤其如此,家长越能清晰、具体地表达自己的需要,越能赢得青少年的尊重和认可。

举例来说,一位母亲可能对她处于青春期的儿子说:"我看到桌子底下有两只脏袜子,我不太高兴,因为我喜欢整洁啊。"在这短短的一句话里,体现了以上所提到的清楚地表达观察结果,表达自己的感受,如受伤、害怕、喜悦、开心、气愤等,以及说出怎样的需要导致那样的感受，这位母亲明确地说出了自己的需要"我看重整洁"。接着，这位母亲提出了非暴力沟通的第四个要素——具体的要求，她继续说："你愿不愿意将袜子拿到房间里或是放进洗衣机？"这一要素明确地告诉儿子，我们期待他采取什么行动来满足我们。

常常有家长问我："我明明很爱孩子，他（她）为什么感觉不到？"也许，秘密正在日常的对话里。是采用互相伤害的方式来表达自己的需要，还是训练自己用以上非暴力沟通的方式来传递你对青春期孩子的尊重、理解、欣赏、感激、慈悲以及友爱？也许，这还需要身为家长的我们在每个瞬间里做出有智慧的选择。

以上部分内容参考：

［美］马歇尔·卢森堡著.阮胤华译.非暴力沟通（修订版）［M］.北京：华夏出版社，2021年.

第五课
如何不给你的孩子添乱
——影响力的作用模型

· 案例分析

"他都不了解我学了啥,凭啥给我做时间规划表啊!"——小兵同学的新烦恼

小兵是一名在市重点上高一的男孩,自从高一上半学期期末考试没考好之后,小兵的爸爸就开始了对小兵的时间管理大训练。因为,小兵的确太拖拉了!上初中时,小兵虽然拖拉,却总能在12点左右磨磨蹭蹭地写完所有作业,而且小兵的成绩不错,尤其是数学、物理这种不需要背诵的学科成绩一直很稳定,小兵的父母也就没有太管他拖拉的事情。现在小兵如父母所愿考上了重点高中,在全家短暂的欣喜之后,小兵很快发现这所重点高中的作业量不是一般的多,本来就拖拉的他根本

无法在12点之前完成作业，有时甚至要拖到凌晨两三点，第二天睡眼惺忪地出现在教室里，基本上是在听无字天书了。这不，期中考试小兵凭借自己提前学的底子勉强保住了班级前二十，到了第一学期的期末考试，小兵几乎是毫无悬念地落到了年级中下的水平，这下小兵的父母可着急了。小兵的父母都在教育系统工作，深知高中学习过程中，高二上是又一个新的分水岭，这时候不抓什么时候抓，于是小兵爸爸把小兵的问题归结为一个大字"懒"，毫不犹豫地给小兵套上"紧箍咒"，按照小兵每天的作业量给他制订了详细的日程安排表，从放学回来的6点半到上床睡觉的12点，精确到分钟。小兵有几次试图"暴力革命"，和父亲起了严重争执，但均被父亲骂了回去，又有几次试图"被动抵抗"，以肚子疼头疼胃疼为理由要求请病假，均被带到医院因检查不出来啥毛病被骂了回去。这下小兵走投无路，整个人蔫了，他只好跑去和关系还比较好的体育老师抱怨："他都不了解我学了啥，凭啥给我做时间规划表啊！从小到大，都是我自己安排学习，现在我都已经上高一了，他这横插一杠子，这是要把我整抑郁吗？我感觉我已经抑郁了，早上起来看着自己眼泪流下来，我不知道我这样的生活还有什么意思。白天上课已经一刻不得喘息，晚上的日程更变态，精确到分钟，上厕所还要踩着点，我这样活着还有什么意思？"

· 心理知识

<u>影响力的作用模型</u>

从上面的案例故事里,家长们可能已经看到小兵爸爸的用心良苦:不能眼看着儿子落后啊!但是,家长们也许同样看出了问题所在:不能好心办坏事啊!

上一课我们学习了"如何听,孩子才会说",这一讲的主题也可以改为"如何做,孩子才会听"。小兵爸爸的做法显然太过简单粗暴,可以想象,这样一通添乱的"时间规划表"并不能给已经处于青春期的小兵带来学业成绩的提高,相反还带来了他对学习的逆反情绪。在真实的案例故事中,小兵后来已经闹到了要退学的程度,全家才一起走进了心理咨询室。如何做,孩子才会听呢?这可能也是令不少家长感到困扰的问题。让我们先来看看人际影响力是如何发生的。

心理学家罗伯特·西奥迪尼在畅销书《影响力》里总结了发生人际影响的六个因素:互惠原则、承诺一致、社会认同、喜好、权威、稀缺。在亲子关系里,其中有几个重要的影响因素为我们提供了良好的参考。

互惠原则:我们倾向于给帮助过我们的人帮助。简单地说,对于他人的某种行为,我们会以一种类似的行为去回报。如果人家给了我们某些好处,我们就应该以另外一种好处来报答他人的恩惠。生活中最简单的互惠例子就是当我们主动赞扬对方明显的优点、优秀的表现后，对方会主动在力所能及的范围内协助你。这个简单的互惠行为在亲子关系中并不容易做到，我记得有一位痛苦的母亲告诉我，现在孩子长大了，不知道为什么变得这么冷漠，她为孩子的不上学的事情以泪洗面，孩子却只是轻描淡写地说："妈妈你别哭了，烦死了。"实际上，上初中的孩子在单独咨询时告诉我，很小的时候就知道在妈妈面前哭是没有用的，妈妈不但不会安慰她，只会再骂她一顿。大家也看到在这个亲子互动的过程中，妈妈因为种种原因没有为孩子提供情感支持，孩子长大之后，同样也不知道如何安慰妈妈。反过来说，如果父母能够学会这个简单的互惠原则，为孩子提供力所能及的帮助，孩子自然也会学会如何尊重家长、如何为家庭服务以及如何回应家长的情绪。

承诺一致：如果我们做出了承诺，我们就更有可能做到。心理学家们很早就意识到人们具有保持一致的愿望，即让我们的想法和信念与我们已经做出的决定或采取的行为保持一致，这种保持一致的愿望是主宰我们行为的主要原动力。在生活中，这个简单的原理几乎无所不在，例如，如果让孩子将自己承诺要做的事情写下来，那么他（她）做到的可能性比不写下来要大很多，因为书写下来的承诺更容易让我们努力保持行为和想法一致。不过也要注意，如果孩子对于写承诺书充满了抵制和负面情绪，那这份承诺书的作用就要大打折扣了。

一些专门帮助人们摆脱不良习惯的机构也会利用人们承诺

一致的倾向，比如一些减肥诊所就懂得，一个人私下做出的减肥决定通常都不够坚定，一旦遇到诱人的食物、同事聚餐或是深夜外卖优惠等，减肥行动就进行不下去了。所以，必须用公开的承诺把个人的减肥决定加固，通常的做法就是要求顾客写下一个近期的减肥目标，并把这个目标拿给尽可能多的朋友、亲戚和同事看。据很多开办诊所的人说，这个简单的方法通常都会生效。

社会认同：社会认同原理认为，我们进行是非判断的标准之一就是看别人怎么想的，尤其当我们要决定什么是正确行为时。如果我们看到别人在某种场合做某些事情，我们会判断这样做是否有道理。例如，对于大众购买图书的行为调研发现，多数人购买一本书的前三个原因是：听了一位专家的推荐、看了有关这本书的评论以及周围的朋友在看这本书。这三个原因其实都是社会认同原理在起作用，他们认同了专家、认同了媒体或是认同了内心比较敬重的朋友。

对于青少年来说，他们认同的对象往往是自己的小群体和同伴，因此在家长想要进行指点孩子的交友、学习、生活时，至少需要了解你的孩子认同的群体是谁。是所在的班级吗？是在游戏中并肩作战的网友吗？是某个小团体吗？也只有基于这样的了解，我们才可能对孩子发挥真正的影响力。

此外，学习认同你的孩子是良好沟通的开始。从本质上来说，认同也能够向孩子表明你希望理解他（她），贴近他（她）

的情感、想法和行为。具体来说，认同包括努力理解孩子的观点以及承认孩子的行为和情绪事出有因。你可以试着找到孩子行为背后的原因，即便你觉得这样的原因很可笑。如果你实在找不到，试着把所有可能的原因写下来，重点标出可能导致孩子行为的原因，即便你不知道核心是什么，也要承认原因的存在。你可以跟进以前和现在发生的事情和情况，去弄懂孩子的想法、感受和行为。比如，你可以考虑孩子恐惧的是什么、经历过什么，尝试站在孩子的角度去思考或是回想自己类似的经历，反思一下，我像孩子这么大时能够完成这一任务吗？我还是个孩子或是青少年时对于什么东西很敏感？如果当时我的父母理解我的感受，我的感觉会是怎样的？

喜好：人们总是愿意答应自己认识和喜爱的人提出的要求。实际上，日常生活中漂亮的外表、相似性、接触与合作、称赞都会引发人们自然而然的喜爱，进而促使我们答应对方的要求。比如，外表漂亮的人在社交方面的优势可能比我们想象中更大，我们会下意识地把一些好的品质加在外表漂亮的人身上，而且当我们在做这种判断时根本没有觉察到外表在这个过程中所起的作用。但是，外表的吸引力并非决定性因素，我们也喜欢那些与我们相似的人，不管他们是在观点上、个性上、背景上还是生活方式上与我们相似，都会让我们对他们产生好感。销售经常利用这种相似性，比如声称自己有类似的兴趣和背景以增强顾客的好感，提高成功的可能性。此外，仅仅得知

别人喜欢自己，就可以让我们对他（她）产生好感并愿意答应对方的请求。这些喜好引发的影响力也提示家长们如何做到理解孩子并真正影响孩子。举个例子来说，不少青春期的孩子在喜好相同的同伴面前可能是个话痨，但在三观不合的长辈面前可能就摆着一副臭脸，戴着耳机，话不投机半句多。如果长辈能对孩子的兴趣、生活、着装、习惯等方方面面有兴趣，且能称赞或是认可他们的选择，往往能和孩子们真正进行对话，进而发挥长辈的影响力。

权威：权威所具有的强大的力量会影响我们的行为，即使是具有独立思考能力的成年人也会为了服从权威的命令而做出一些完全丧失理智的事情来。例如，有的护士对于医生开错的药方其实是有疑问的，但是由于医生的权威性，他们通常选择相信医生，而不是主动向医生求证，这就是权威的力量。如果青春期的孩子有敬重的长辈，让这位长辈和孩子去聊聊天，就会自然而然地发挥权威的影响力了，但是如果孩子早已经不把父母视为权威，这种作用就要小得多。不过，青春期的孩子不再盲目轻信权威本身就是独立思考的标志，这虽然会给有些家长带来"孩子没那么听话"的糟糕体验，但是，从孩子长远发展来看，不轻信、不盲从不正是走向人格成熟的开始吗？

（以上改编自：[美] 罗伯特·西奥迪尼著. 陈叙译. 影响力 [M]. 北京：中国人民大学出版社，2006 年.）

·心理老师对你说

<u>发挥影响力，不是发挥吼叫力</u>

一般来说，在对青少年进行心理咨询的过程中，我都会听他们讲讲看，日常生活中，谁讲的话他们会比较听。结果无一例外，重要养育者对孩子的影响简直无孔不入，小到生活习惯，大到对学习、生活以及未来的态度，无一不是潜移默化地受到养育者的影响。也许，有些家长会抱怨说，这孩子怎么一点不像我，比如"我这么爱整洁的人，怎么养出来个女儿房间里能乱成这样"！"我一个积极求上进的人怎么会有这么佛系的孩子"！实际上，从心理防御机制的角度看，哪怕看上去一点不像父母的孩子，依然有可能选择了"反认同"的方式来应对这个父母带来的内在要求，也就是孩子们说的"我才不要成为爸妈那样的人"。可是，尽管如此，那个最初的"模版"依然是父母最早描画的，这种影响往往十分深远。

不过，父母的影响更多的是通过日常言行举止而不是嘴上说的道理传递给孩子。比如，小明的父母抽烟，他们一直教育小明抽烟有害身体健康，而小强的父母不抽烟，也没有和小强讨论过抽烟的问题，你觉得小明和小强相比谁更容易染上烟瘾？又比如，小明的父母在家一有空就会玩手机、刷抖音、上微博，玩得不亦乐乎，而小强的父母有阅读的习惯，会在饭后一起看看闲书，放放老电影，你觉得小明和小强谁在青春期更容易形成良好的管理手机的习惯？也正因为如此，不少家长会发现，教育孩子的最大秘诀居然是做好自己。在对青少年进行咨询的过程中，我也常常问问这些孩子家里有没有比较佩服的人。做一个让自己孩子佩服的家长，你才更有可能发挥对孩子的影响力，而这种"佩服"不是赚多少钱，而是为人处世的方式、待人接物的态度，甚至是享受生活的能力。我记得有个诊断为抑郁症的初中女生告诉我，当她出现想死的念头时，总会想起奶奶在后院里专心照顾那些花花草草，那样的专心和投入让她觉得这个世界上也许还有让人留恋的、美好的东西吧！

在孩子青春期之前，家长通过吼叫甚至体罚的方式引发孩子的恐惧，有可能产生规范行为的作用，但是不少家长会发现这些引发恐惧的招数多半到了孩子青春期就不再管用了，简单来说，就是孩子不怕了。在这个发展阶段，孩子们已经半大不小，如何去发挥影响力是每一位父母需要思考的话题。我见到的很有智慧的一类父母往往"人狠话不多"，比如一个文静内向的女孩子上了初中之后像是得了洁癖，花很长时间洗澡、清理桌面等等，女孩的父亲协助她的方式很有意思，他也没有讲道理，更没有啰嗦个不停，只是下雨时带女儿去踩泥水，一开始女孩儿很不愿意，可在和父亲踩泥水的过程里变得越来越开心、放松，这个洁癖的问题也自然消失了。我还记得一对让人印象深刻的父母，他们的孩子上了预初之后开始花很多时间看色情小说，这对父母没有去指责儿子，而是默默买了两本性教育的书放在儿子桌上，征得儿子的同意给他报了篮球班，每周增加了打篮球的运动时间。这些，都是在尊重孩子的前提下对孩子做了适当的引导，发挥了影响力。

· 家长操练手册

影响孩子的三个步骤

第一步　影响孩子，从了解孩子开始

找个安静的时间，思考一下你家孩子的性格，可以先考虑以下问题：

· 你爱孩子的什么？

· 孩子什么时候会让你微笑？

· 你家孩子喜欢什么？他（她）享受做什么事情？

· 什么事情会让他（她）开心/悲伤/愤怒/沮丧？

· 你家孩子害怕什么？

· 你家孩子有哪些良好的品质？你家孩子面临怎样的挑战，可能的原因是什么〔注意要从孩子的视角来看，而不是从他（她）在你生活中展现的视角来看〕？

· 其他人（朋友、亲戚、老师、邻居甚至陌生人）觉得你家孩子具有哪些积极特征？你希望他人如何评论你家孩子？

· 你觉得孩子有什么潜力？你认为他（她）在哪些方面可以取得成功〔孩子可能固执、倔强、爱斗嘴、冲动或是情绪敏感，但如果他（她）能驾驭自己的个性，也完全可以成为一个成功的律师或是企业家〕？

你还可以把以上问题在纸上列一个表，以便于可以时不时或每天回顾一下。

第二步　探索我自己被影响的经历

在家长自我成长沙龙中，我们常常做的一个练习是探索自己如何被影响的，在自己被他人影响的经历里，不少家长会发现影响孩子的秘密。现在就请你试试看，在一张白纸上画下自己的生命曲线图，横坐标是时间，纵坐标是你的情绪好坏程度，试着按照不同的年龄阶段回顾整理你的心情曲线，从出生开始，到幼儿园、小学、中学、大学，一直到你开始工作、结婚，以及换了不同的工作等。你可以根据自己的成长经历设置不同的时间段，记得回忆在这些不同时间段里你的情绪状态，是比较愉快（正性情绪）还是比较低落（负性情绪）。在你完成了这件事情之后，试着回顾一下在你的成长经历中对你来讲影响重要的人或是事情，看看这些人是如何影响你的，这些事是如何影响你的，哪些人带给你的影响是正面的、积极的，他们是怎么做的，怎么说的；哪些人带给你的影响是负面的、消极的，他们是怎么做的，怎么说的。

如果你更有勇气一些，也可以和你的伴侣或是其他家长朋友分享你们的发现，试着回答以下问题：

1. 哪些人带给我积极的影响，他们是怎么做的？

2. 在我青春期的时候（一般来说是中学阶段），我是如何被外在环境影响的？

3. 在我的孩子身处青春期的时候，我该如何发挥自己的影响力？

第三步　探索那些"无效"或是"有效"的影响方式

试着在你和孩子的某场冲突中选择一个片段，可以是最微不足道的一个片段［比如每天早上叫他（她）起床时的斗争］，或是冲突更加剧烈的一个片段（比如一场激烈的争吵或是摔门，如果有的话）。

在大脑中重温一下你和孩子之间的互动细节，注意，在回忆这些细节时，体验一下自己的想法和感受。请思考一下：

· 我的做法有效吗？

· 我在纠结于自己的原则还是专注于沟通的目标？

· 我对孩子能力的期待符合现实吗？

· 情绪激动时，我愿意考虑其他行为或是思维方式吗？

· 我的行为是我自己希望的那样吗？

接下来，你可以试着想象一个更有效的解决这一冲突情绪的方法，并想象自己正在采取这一方法。试着想象就好了，记住，管用的方法就多做一些，多次无效的方法是时候叫停了！

· 补充阅读

<u>设定底线的方法</u>

你一定听过这样的说法,孩子需要底线。那么,什么是底线呢?底线是教养过程中的停止符,在底线之内的行为是受到鼓励,可以接受的。恰当的底线定义了每个家庭内部适当的、可被允许的行为边界。

父母必须针对孩子日常生活的方方面面设置底线,底线也向孩子明确传递了父母的期待。在孩子童年早期引入并不断强化底线有助于孩子了解家庭是有边界的,使得父母能够随着孩子的成长对其行为加以塑造。对于稍大一点的儿童,底线设定对于家里每天发生的状况来说最为重要,从吃饭时间、睡觉时间到买礼物、吃零食、看电视、玩手机,各种限制都非常有必要。对于青少年来说,可能还需要以下底线限制,例如:

· 熄灯时间:晚上10点之前要回到家里。

· 监督:如果父母之一在场,可以到朋友家里过夜。

· 穿着:如果你要穿某个名牌的衣服,需要自己付钱,或是做家务来补偿。

· 休闲活动:天黑以后不能一个人去酒吧或是KTV。

家长们可以看到,设置底线对于孩子的健康成长来说非常重要。在设置底线之前还需要考虑亲子关系、家长自己的情绪状态以及孩子本身的能力。

首先，在设定和实行底线之前，家长需要认真审视自己与孩子的关系。没有哪个孩子喜欢被限制，帮助孩子在自由和限制之间平衡发展非常重要。但如果孩子生活在一个充满鼓励、慈爱的环境里，与父母关系融洽，他们也会乐于接受底线。

心理学家认为婚姻中理想的正面和负面沟通比率为5∶1，这一比率也适用于亲子关系，比如五次肯定加一个否定，五次令人享受的互动加一次令人不太愉悦的经历。积极的行为如和孩子一起玩游戏、购物、倾听孩子讲学校里的事情、和孩子进行积极的对话等。家长需要反思一下，我和孩子的关系是不是积极的？在这个前提之下，才有可能成功地设置底线或践行底线。

其次，家长也需要注意自己的情绪状态，如果试图在焦虑不安时设置底线，容易引火上身。如果你的情绪过于激动，那你设定的底线可能会变得极端、滥罚而且无效。孩子很有可能直接拒绝这一底线设置。因为在孩子的感受里，你设置这一底线是因为你受够了他（她）或是对他（她）生气，而不是因为在意他（她）。

最后，家长需要记住，每个孩子都是不一样的。家长容易犯的一个错误是通过自己童年的经历、孩子的兄弟姐妹或亲戚、朋友和邻居，而不是孩子自己的个性、优点或是缺点来看待自己的孩子。在设置底线时同样需要考虑自己孩子的能力。

以下是一段爸爸和11岁的小军设置底线的例子。这个周末小军有一堂数学补习课，但是，小军的朋友邀请他一起去公园玩，小军很想和朋友们一起去公园，希望能取消一次补习课。以下是一段父子俩的对话。

爸爸："小军，你知道自己需要上数学补习课，尤其现在就要期末考试了，我希望你能做好充分的准备，所以，今天你要和朋友去公园玩，我不能同意。"

小军："但是，爸爸，其他朋友都会一起去，我真的很想去，你不是也很希望我能有好朋友的吗？如果我想要融入这个集体，我就必须去啊，爸爸！"

爸爸：（注意到小军因为这件事情开始激动，也懂得小军很希望能和这几个高年级的同学成为好朋友）"我明白这对你来说真的很重要，我们就这个问题已经谈过了，你的确需要去上这堂补习课。但我不太确定你为什么会这么不安，你能告诉我吗？"

小军："爸爸，我好不容易才找到一群我真正喜欢的朋友，如果我不和他们一起玩，他们可能会扔下我去找别人组队的，还有，在此之前，我从来没有想要取消家教课，我都认真上课的，爸爸！"

爸爸："是的，你上家教课一直很认真，而且也许，这次这群朋友真的对你来说非常重要，我同意你可以取消这次课，但是我要说清楚下不为例，接下来一直到暑假结束前的每个周三你都要按时上课，明白吗？"

小军:"好的,爸爸,太好了,我完全明白,遵命!"

三个星期之后,小军又开始对爸爸软磨硬泡。

小军:"爸爸,我真的很想和那群朋友一起去玩轮滑,我今天能不上补习班吗?我觉得我最近数学学得也很不错。"

爸爸:"小军,你还记得我们上次的约定吗?不能再取消补习课了,你答应我的,不过,在补习课之前你可以在楼下和朋友们先玩半小时的。"

小军:"可是,爸爸,他们肯定要甩掉我了,我必须得去,在楼下玩和一起去公园玩根本没法比!"

爸爸:"不行,小军,这是我们说好的事情,你今天不能取消补习课。"

小军气呼呼地冲出了家门,他一边在楼下玩轮滑,一边和朋友们抱怨,说爸爸是全天下最坏的爸爸。

虽然小军在这一次互动里对爸爸表示了强烈的不满,但是,他还是了解到了爸爸对于履行底线是认真的,而且爸爸也有灵活性。这些对于小军未来的发展都是很好的示范,小军爸爸设置了底线,也践行了底线。

记住,保持灵活性并不意味着允许孩子消磨你的意志,家长可以根据情况来做决定,然后按照相关准则,实现平衡一贯性和灵活性。

第六课
厌学的孩子到底怎么了
——来自经典条件反射的启示

· 案例分析

> "不上学有一百个理由,但肯定不是你想的那个……" ——小花和爸妈的战争

小花戴着口罩坐在我面前,一副生人莫近的表情。她是被焦虑无比的老妈带进咨询室的,她自己在登记表上写着:"我没什么好咨询的,我妈需要咨询。"小花是一名重点高中名列前茅的学生,高一上学期还好好的,寒假过完,小花突然提出要退学,"以后都不学了,你们也别忙乎了"。很显然,在小花的家庭里,学习被扯进了父母和孩子的战争里,小花的学习不纯粹是学习问题,是一场和父母之间的权力较量。

小花的妈妈小心翼翼地问:"你和张老师说说,是学校里有

什么不开心的事情吗?是和同学闹矛盾了,还是学习上遇到困难了?这不太可能啊,只要你想学的,几乎就没有学不好的。同学矛盾?我看你寒假还和同学一起出去聚餐,照片上笑得可开心了。那还有什么呢?老师对你要求高了是不是?还是爸妈对你要求太高?我和你爸现在对你没什么要求了,你健康就好……"小花的妈妈像是在提问,又像是在自言自语,可惜还没讲完,就被小花粗暴地打断了:"你×××别烦了,闭上你的嘴,我不上学的理由有一百个,但肯定不是你想的那个,好了吧!"连咨询师都被小花突如其来的暴怒吓了一跳,可见这文文静静的小花心里是压抑了多少愤怒,而且,可以想象的是,这个家庭唯学习最大,哪怕小花这么不礼貌地和妈妈说话,妈妈也只是小心翼翼地闭上了嘴。

其实,小花这样厌学的案例在都市里还真不在少数,当学习不再是孩子一个人的事情,不少青春期的孩子通过反抗学习来替代反抗父母,因为他们知道,父母最在意的是这个,"你们不让我好过,我也决不让你们好过"。案例里的小花也是同样如此,她并没有想好退学之后要做什么,甚至也说不清楚自己想要退学的理由,只是觉得愤怒。在过去十几年的学习经历里,她配合妈妈报了各种补习班,从学科内培训到课外体育爱好,小花像个上学机器高速运转,只是为了满足父母的期待。小花告诉我,她是突然觉醒的,看到自己最好的朋友抑郁休学之后,她才发现她可以不必选择这样的人生,甚至,她突然发现自己横到底的话，父母一点办法都没有。"我是自己去精神病院做诊断的，我就是重度抑郁，会自杀的那种，我爸妈也知道，他们没办法了，当年学不好就打，就骂，就侮辱，现在他们不敢了，我就是不想上了，你们谁都别来说服我"。

可以说，厌学是小花和父母这场权力斗争中的号角，而抑郁症则是小花对抗父母的武器。在这个阶段，通常父母都只能丢盔弃甲，不得不缴械投降，让孩子自己选择出路。小花家也是一样，小花的父母需要给小花一段时间和空间，让她去重新考虑自己的未来，不为父母，只为她自己的人生。

· 心理知识

<u>不可小看的条件反射原理</u>

条件反射原理是行为主义心理学的经典理论，由热衷于研究狗的消化系统的苏联著名心理学家巴浦洛夫（他后来得了诺贝尔生理学奖）提出。在一系列实验中，巴浦洛夫把狗用一副套具固定住，用连接在狗颚外侧的管道收集狗的唾液。管道连接到一个既可以测量以立方厘米计的总量，也可以记录分泌的滴数的装置。巴甫洛夫发现，当狗嘴里有食物时，会产生分泌唾液的反应。这种反应是本能固有的，他把这种食物称为无条件刺激，把反射性唾液分泌称为无条件反射，为了使狗对某一种刺激（如铃声）形成条件作用，把这种原来只会引起探索性

反射的中性刺激（即铃声）与无条件刺激（即食物）配对。经过一系列配对练习后，单是发出铃声，不提供食物，也能让狗分泌唾液。在这种情况下，铃声就成了条件刺激，铃声引起的唾液分泌就是条件反射。由此可见，条件反射仅仅是条件刺激与无条件刺激配对呈现的结果。由此，巴普洛夫提出了他的经典条件反射原理，即非条件刺激能够引起非条件反应，且不需要经过学习，这种非条件刺激和非条件反应的关系，称作"非条件反射"。条件刺激则是能够引起条件反应的初始中性刺激，这是需要学习的。且条件刺激与立即性和长期性的期待、满足、恐惧有关。更重要的是，当非条件刺激重复性地或是猛烈地伴随着某个中性刺激，这个中性刺激会成为一个条件刺激，并产生条件反射。

通过以上的介绍，家长们可能已经意识到条件反射在我们的日常生活中无所不在。广告就是利用条件反射原理促进购买行为的绝佳例子，当香车和美女多次反复绑定出现时，我们即便面对的只是豪车也会产生荷尔蒙爆表的感觉；当牙膏反复和穿白大褂的演员绑定时，这款牙膏单独出现竟然也会让我们觉得权威又可信。

面对厌学的孩子，我们其实应该搞明白的第一个问题是：学校生活这个中性刺激是如何重复地或是猛烈地与非条件刺激绑定的？本来，学校生活并不能激起孩子的任何情绪，属于中性刺激，那么，孩子们是经历了怎样的事情或是遇到了怎样的人,才造成他们一进入学校就产生厌恶、难过、失望、愤怒、悲伤等负面情绪的?

在咨询室里,我不止一次地看到,孩子们的厌学背后有诱发事件。而这些诱发事件如果一直被忽略,累积到一定程度,就可能带来压垮性的后果(我不去上学了)。以案例中的小花为例,本来,学习并不是一件让小花觉得很困难的事情(甚至就像小花妈妈讲的,小花其实是擅长学习的,只要她想,没有她学不会的),但是学习这个中性刺激和爸妈给她带来的恐惧、委屈、愤怒的感觉联系在一起了。在小花过往的学习经历里,她只要一开小差就会被爸妈骂,偶尔没有考好还会被罚跪在地上,课外兴趣班考级没有通过还会被关小黑屋。本来充满求知、求真乐趣的学习过程和一系列负面情绪联系在一起,累积到一定程度后,小花好友的抑郁确诊便成为压倒骆驼的最后一根稻草,一方面小花失去了在学校环境中唯一能带来愉快体验的同伴关系,另一方面,她也由此发现得了抑郁症的好处(不用上学,父母也不敢凶孩子)。老实说,需要孩子拿起"抑郁症"这杆"枪"自卫的家庭,父母真的应该早点反思自己的教育方式,而不是等孩子厌学退学或得了抑郁症之后才注意到问题的严重性。

还有一些孩子的厌学和学校里的刺激关系更加密切。我见到过初中一开学被老师当众骂了一顿之后觉得颜面全无、死活不愿去上学的孩子;有长期在学校遭受其他学生的言语霸凌忍无可忍放弃优良学业的孩子；有因为被喜欢的女孩子拒绝无法在学校集中精力学习，表现为动不动就请假在家厌学厌世的孩子；有谈恋爱时被看上去模范的男友强奸接下来陷入厌学的孩子；有初中成绩还不错，进入高中之后被自己的挫败感逐渐打败彻底佛系逃学的孩子……几乎，每个孩子都有自己心酸的故事，然而，很多家长只看到了厌学的结果，却没有关注孩子们到底经历了什么，我们要看到学校环境是如何与一系列糟糕的负面情绪联系在一起的，然后才能真正帮到孩子，而不是添堵。

· 心理老师对你说

厌学的孩子最需要帮助

厌学的孩子常常在家长的责骂声中变得更加厌学，这是让人感到特别遗憾的事情。实际上，厌学的孩子是最需要帮助的，他们往往在学校或家庭生活中遇到了各种困难，或是学业上的挫败，或是人际上的困境，或是家庭生活中的各种不如意。常常有家长向我抱怨说："这孩子没有啥问题，就是懒，所以不想去上学。"但我作为青少年心理工作者在和孩子单独面谈的过程中，很重要的一部分工作就是去发现孩子面临的困境到底是什么。这并不是一个容易的工作，厌学的孩子到了这个阶段，往往已经不想再和心理咨询师说什么了，也不信任会有成年人真的能帮到他们，还有一些孩子会很自然地觉得心理咨询师和父母是一伙的，无非是换个人说服他们回到学校。其实，对于一些已经不堪重负的孩子，休息、重新考虑学习的目的和自己未来的规划未尝不是件好事情。只有让孩子觉得这个人成年人不是来指责他们，而是和他们一起去面对困境，不是去说服他们回到学校，而是一起有个空间去梳理内在的情绪，他们才有可能真正说出自己的困难在哪里。我想，单是这一步，对不少家长来讲可能都是非常有挑战的事情。

我也遇到过一些说不出自己的困境到底在哪里的孩子，他们会说："老师，我现在就是特别佛了，垫底也没关系，未来也无所谓，你可能会说我不去上学以后做什么，我也不想多想了，反正，我不想去了。"但是，再问问这个彻底佛系的孩子再早之前是怎么面对老师和学习的，常常会发现没有不想好的小孩。这个眼前"佛了"的小孩，也曾经为没有拿到小红花难过，也曾经为满足父母的期待而努力，只是他们自己感觉现在长大了，看开了，无所谓了。

这其实是非常悲哀的事情，通常他们已经累积了太多的挫败感，他们需要的是被欣赏、被信任以及根据他们自己的特点来找到自己的路。而这个过程，非常需要师长和父母的协助一起让本来由学习和学校带来的负性条件反射慢慢调整为中性的，甚至正性的条件反射。学习本身是有乐趣的，通过自己的努力掌握知识、弄明白问题、看看别人的观点、形成自己的假设，这些高级思维过程本身是人类作为高级灵长类动物的乐趣所在，但伴随着分数的角逐、父母的责骂、学校环境的情绪压力、暂时学不会带来的挫败感等因素，孩子慢慢变得如此"厌学"。

以下是几位厌学的孩子的心声：

"我感觉自己学习比别人努力，但每次考试都没有他们考得好。看到原来和自己成绩差不多的同学的学习成绩都有了提高，我很难受。做题的时候，和问题有关的知识点一点儿都想不起来，我就感觉非常难受，心里很压抑，后悔当初没有学会，恨自己太笨，跟不上老师的教学，也怨恨老师不关心我们。我是一个特别想学习的女生，因为自己想学，所以一直很努力。可是，我的努力没有取得特别大的效果，总是一点儿一点儿地往上爬，而且往往是刚爬上去一点儿，又跌了下来，并且跌得很惨。我真的不知道自己是不是还应该留在学校上学，也许自己的出路还没有找好，就想先待在学校再说，没有什么打算，也没有什么目标。我总是因为自己一点点努力没有成效而感到很难过。"

"我讨厌学校，总觉得在这里没有出路，这里只会让我感到未来很黯淡。学校分快慢班，分到慢班让我感觉自己太笨了。好像我所有的努力都是没有用的，有时想过退学。在高一期中考试后,我的心情一直很差,原因就是我平时在学习上付出那么多,却总是没有进步,总是在原地踏步。我很羡慕那些学习优秀的同学,我也曾不顾一切地努力再努力,结果却总是比别人差。这次考试后,我彻底失望了。我好像整个人都要倒下去了。我曾在心里问自己:'你真的不行了吗?上学不是你要走的路吗?'慢慢地,我开始讨厌学习,特别是数学,不管我怎样努力,它总是没有效果。在老师按名次排座位时,我哭了,每次都是在那个位子坐着,这一幕,深深地刺痛了我的心……"

"高二上学期期中考试时,我考了全班第一,我的成绩竟然超过了几个所谓A班学生的成绩,我觉得很开心。可是我的历史老师却说了这样一席话,他说:'B班的学生竟然还想超过A班的学生,有的同学这次居然还做到了,不可思议呀!'他说话的口气中没有赞赏和鼓励,却明显透露出不相信的意味。他的话让我很伤心,也很不服气,凭什么我们B班的学生就一定比A班的学生差呢?为什么老师们总是这样看不起我们?我的成绩是靠自己的努力取得的,为什么老师却不相信呢?还有一次上英语课,老师提出一个问题,我回答出来了。老师说了一句:'这个问题有点难,连A班的同学都没有回答出来……'同样的语气,同样的不相信,我很生气,凭什么这么瞧不起人呢?之后我对那两位老师都很反感,也不愿上他们的课了。每当做题遇到困难,或考试不理想时,我就会特别讨厌学习,就会很生气,想摔东西,发脾气,甚至很想和别人吵一架。过后,又很后悔这种行为。"

家长如果真的想要帮到孩子,可以考虑以下几个方面:

首先,消除孩子的恐惧心理让他(她)不怕学习。厌学通常源于学业失败引发的对该学科的恐惧。恐惧心理的消除可以采用多种方法,如情绪性条件反射法,即建立学科积极性条件反射——当孩子在学习过程中出现对该学科积极反应时及时给予正强化;也可以通过构建良好的人际关系,特别是师生关系会降低师源性厌学;还可以通过积极暗示,使孩子对学科产生积极的心理准备和知识准备,从而降低他们的恐惧心理。

其次,教会孩子学习方法让他(她)学会学习。研究发现,学生并不是在所有学科上都厌学,他们通常只在成绩差的学科上才会产生厌恶心理。为此,预防、改变和消除孩子厌学心理的关键是教授他(她)有效的学习方法,如最基础的预习、听课、复习、作业四轮学习法以及元认知学习法和优势兴奋中心迁移法等方法。这样才能降低孩子在学习中的畏难情绪,保持对学习的积极态度。

再次,帮助孩子制订短近的、具体的、经过努力可以达到的目标。制订目标时不仅要依据孩子的现有学习水平和最近发展区,而且应选择可参照的、具象化的对象为参考系,学习目标应该是有梯度的、可分解的,且与目标达成的具体策略与措施同步制订。同时,不断地将目标驱动、具体指导、及时强化相结合,从而让孩子学习有定向、努力有方向、行动有力量,激发孩子学习的主动性。

最后,创造情境让孩子体验学业成功。孩子在学习活动中获得成功能大大提高其自我效能感和学业成就感。有能力的话,家长可以参与到孩子的学业中,和孩子一起讨论问题,比如买个打点计时器和孩子一起做实验,学习速度的测量。此外,家长还可以发现、肯定孩子的点滴进步,例如考得不好,也可以肯定孩子的进步,告诉孩子至少我们知道哪里不懂,可以一起慢慢来弄懂。

总之,让孩子感受到学习的快乐,感到努力的效果,逐渐提高孩子的学习积极性。

· 家长操练手册

培养孩子的心理弹性

不少孩子的厌学其实也和没法面对挫折有关,家长需要有意识地协助孩子提高他们的心理弹性。所谓"心理弹性"指的是一个人在面对压力和困境时成功适应的能力。实际上,充满压力的生活事件、重大的精神创伤和长期的逆境，都会对个体的大脑功能和结构带来实际性影响，甚至可能造成创伤后应激障碍、抑郁症或是其他精神疾病。像以上介绍的来自学业、老师、同伴方面的压力，有些学生在经历这些压力之后可能会发展出创伤性反应，但是还有不少人在经历了这些压力事件也并不会患上心理疾病，甚至以后再遇到类似的事件时变得更加擅长应对了，这就是心理弹性的保护作用。

· 运动可以提高心理弹性。长期压力会导致一个人的海马损伤，而海马神经元与心理弹性密切相关。有没有什么方法可以逆转海马损伤，让海马神经元得以生长呢？大量脑科学研究发现，大脑中的脑源性神经营养因子可以促进大脑细胞的生长，延长细胞的寿命，修复损伤的神经细胞。科学家在动物实验中发现，有氧运动可以提高脑源性神经营养因子的水平，增大海马的体积，提高空间记忆能力。因此，如果家长们想要培养孩子的注意力和心理弹性，可以带他们从小培养良好的运动习惯。在他们遇到压力时，与其唠叨，不如带他们去运动。

· 正念练习可以提高心理弹性。大量研究表明，正念练习可以通过提高大脑前额叶的功能，让个体更好地控制负责情绪的边缘皮质和脑干，从而提高心理弹性。带领孩子进行正念练习乍看起来有点奇怪，但家长如果能有意识地引导孩子关注自己的呼吸和当下的体验（味觉、触觉、嗅觉、听觉、视觉等），开始简单的正念练习，同样也能提高青少年的注意力和心理弹性，我们推荐正念练习可以从一些慈悲冥想、当下冥想开始。

· 认知重评可以提高心理弹性。认知行为疗法的治疗核心就是改变一个人对威胁和逆境的看法及评价，这可以改善一个人的情绪和应激反应。具体来说，认知重评会教个体去观察自己在经历压力时的认知和行为方式，有意识地质疑对事情和自我的扭曲而消极的评价，并且用现实、客观的评价去替代扭曲的认知，以达到重塑认知的目的。正确的认知方式可以帮助个体在经历了严酷的生活压力后依然保持心理健康。如果家长和孩子的关系还不错，可以和孩子聊聊天，谈谈对一些事情的看法，帮助孩子换个角度考虑问题。这也是为什么孩子们需要可以交流的同伴，往往同伴的看法能够触动孩子本来的思维方式。

· 意义感和自我效能感可以影响心理弹性。自我效能感是指个体相信自己能从逆境中寻找意义、目的和力量的积极思维方式。很多研究发现，当一个人在压力中获得意义感，认为自己所承受的压力是为了一个值得追求的目标时，这种心态将会大大增加其抗挫折能力。要知道，婴儿期的经历对于大脑发育和神经回路的形成有非常大的影响，如果一个人在婴儿期反复遭受无法控制的过度压力，比如遭受生理或是情感方面的忽视、虐待，成年后这个人在应对压力时就很有可能产生过激的情绪、行为和生理反应。相反，如果一个人在童年时期经历了中等或是轻微的压力源（更重要的是这种压力是可控的），那么带给他（她）的就是积极的预防作用，可以让他（她）在面对逆境时内心更强大，逐渐发展出对于压力的良好适应能力。

以上部分内容参考：

姚乃珊著，《大脑修复术》，中信出版集团，2020年。

· 案例故事

<u>玩杀人游戏不上学的小男孩</u>

强强今年刚上预备班，自从放了暑假以来，每天玩六七个小时的手机或网络游戏，都是有关血腥、暴力和杀人。更糟糕的是，强强自小父母离异，现在和外婆、妈妈一起住，因为玩游戏总是被她们没收游戏机，在家经常暴怒，还会踢门、用头撞门、发脾气、不吃饭，甚至对着外婆、妈妈破口大骂，妈妈非常生气，觉得他完全不懂得尊重妈妈和外婆。这不，强强被妈妈拉进咨询室的原因正是他熬夜玩游戏睡过了头，干脆不去上学了。

其实，强强是从小学三年级就开始爱上各种电子游戏了，只是上了预备班以来，玩游戏的时间越来越长，学习成绩也始终上不去，等到放了暑假，几乎彻底成了个小网迷了。妈妈多次没收强强的游戏机、手机和电脑，但总是经不住强强又哭又闹甚至以头撞墙的反抗，迫不得已又还给强强，这样反反复复已经不下十次了。强强还趁着妈妈不注意在她的笔记本上下载一些新的杀人、打架游戏，弄得电脑不时染上病毒，有几次还影响了妈妈的工作。有时候，妈妈也会以吃汉堡炸鸡为交换来控制强强的打游戏时间，可是几次之后，强强又不买账了。他还总是在妈妈在家工作的时候把被子、衣服扔在她身上，让妈妈又急又气，却也无可奈何。

强强为何不去上学？

正是在这样的情况下，妈妈领着强强走进了心理咨询室。我先和妈妈进行了面谈，发现妈妈总是在抱怨强强怎么不好、不听话，说着说着变得很愤怒。

"我平时上班已经很累了，好不容易周末回一次我妈家，这孩子还给我捣乱，而且他绝对有暴力倾向，玩的游戏都是杀人、砍人、打架的，他下学期就正式上初一了，这样子可怎么办啊！今天来咨询前，他还把被子掀在我身上，学也不去上，越来越无法无天了！"

"你有没有试着了解强强为什么要和你捣乱，为什么喜欢这些杀人游戏呢？"

"他就是不懂事！"母亲愤愤地说。

强强真的是不懂事吗？也许并非如此。果然，在和强强的单独谈话中，我听到了完全不同的想法。

"妈妈只有周末才回外婆家陪我，外婆天天管着我，真没意思。"一开始，强强无论如何也不肯说话，显出一副无所谓的样子，低着头玩弄自己手上一串奇形怪状的链子，等到我们问他为什么这么不开心的时候，强强才委屈地从牙齿缝里挤出了一串句子。

"听起来的确让人高兴不起来，强强希望生活是怎么样的呢？"

"其实我知道妈妈也很辛苦，我就是希望她不要难得回来一次还不理我！"小家伙握着拳头，脸涨得红红的，"妈妈从来不听我说话，回来就是忙工作，外婆耳朵有些聋，我和她也没什么可说的，我快憋死了！"

看来，强强内心的痛苦并不比焦虑的妈妈少。我于是和强强的妈妈进行了单独的面谈，建议她这周尝试以不同的方式和强强沟通，包括耐心听他说话、陪他出去逛公园、说话时看着他的眼睛等等。更重要的是，强强已经是一个预备班的大男孩了，我向强强母亲介绍了这个年纪的孩子逆反心理强、想尽快长大、需要尊重和认可的特点，建议她和强强多说道理，少命令，更不要凡事管着他，要允许强强探索自己的兴趣和空间。

对于强强来说，他只有两个月才能见到爸爸一次，家里缺少一个父亲的形象，也就是说强强没有很好的条件来学习如何做个男子汉，这就更需要妈妈费些心思，除了要尊重他的想法、鼓励他自己做决定之外，还要鼓励他多结交同学，了解其他孩子都是怎样的，在他这个年纪，同伴关系也非常重要。因此，我还建议强强的妈妈能够带他结识一些年长的、有责任感、有追求的男性，让他潜移默化地知道男子汉是什么样的。

强强真的"无药可救"？

一周之后，我们又见到了强强母子，妈妈显得特别着急："哎呀！简直没药可救了！我按照你们说的，多聆听他，还带他出去逛了商场，吃了炸鸡汉堡什么的，他周一到周三的确改变很大，说话也彬彬有礼，连外婆都说强强突然长大了。可是周四的时候，他晚上放学回来又要玩游戏，我不给他玩，他就一下子像变了个人一样，大哭大闹，还用头撞门，要死了！这孩子简直无药可救了！"

"你有没有注意到当你说强强无药可救时，强强脸上的表情是怎么样的，他心里会怎么想？"

妈妈愣了一下，有些迷惘地看看我，又看了看扭过头去的强强。

在和这对母子的面谈中，我们试着帮助他们真正沟通。

"她把我的游戏机夺走了，讨厌！"强强嘟着嘴巴。

而妈妈则更生气，"这孩子怎么这样，才好了三天就坚持不住了"！

"你有没有注意到其实强强在一周里面已经有三天的时间表现很好了，这可是巨大的进步呢，不过，你却习惯性地关注强强做得不好的那几天。"

"那倒是，前面三天是很不错的，彬彬有礼，对外婆也很懂礼貌，我们家强强懂事起来的确人见人爱。"

"对啊,强强其实很懂事,也很体贴你呢,是什么让强强没有坚持下去呢?"

"她冲我大吼大叫发脾气,还把游戏机抢走了,这算什么!"强强气呼呼地说。

"强强,你有没有想过妈妈为什么要抢走你的游戏机呢?"

"她不想让我打游戏,怕我耽误功课。"

"你自己觉得呢?"

"我已经三天没有玩了,只想玩一会她就这样发脾气。"

"所以,你心里也知道一味地打游戏不好,不过你很希望妈妈能看到你的改变,多理解你,鼓励你,是这样吗?"

强强点了点头。

我转过头对强强妈妈说:"你看,其实强强自己也知道打游戏不好,也理解你的良苦用心,只是他不太喜欢妈妈强行把游戏机抢走,并且没有看到他已经三天没有打游戏的进步之处。"

强强妈妈显得有点不好意思,连忙摸摸强强的头说:"是啊,妈妈都没有看到你的努力和进步……下次一定改正。"

"强强,你看妈妈其实很擅长学习,像你一样,很多小朋友的妈妈才不会向自己的儿子道歉呢,你是不是也该向妈妈道歉呢?你从周四开始对妈妈的态度可不太好哦!"

"嗯,妈妈,我有时候心里很生气,就憋不住发脾气……对不起。"

"强强,非常棒!这才是个男子汉,也许你可以告诉妈妈，下次你玩游戏的时候，她怎样提醒你控制时间会比较恰当？"

"其实她只要心平气和地告诉我现在先放下游戏机去看书吧，我多半都愿意的，我还是很听妈妈的话的，只要她不冲我嚷嚷。"强强一字一句地说。

妈妈在一旁点了点头。

在接下来的咨询中，我和强强妈妈讨论了如何和孩子沟通，并且在和强强的单独面谈中注意激发他小男子汉的一面。有时候我也同时和这对母子面谈，帮助他们在咨询室里练习如何说话才能让强强听得进去。

经过了六次咨询，这对母子的关系得到了改善，强强也不再撞门、踢门了。其间，在咨询师的建议下，强强还去参加了夏令营。在夏令营里，强强认识了一大堆和他年纪相仿的孩子，回来之后他依然在网上和这些朋友们保持联系，却不再对那些杀人游戏感兴趣了。他已经逐步学会了善用网络。

心理老师的话

强强的网瘾非常具有代表性，他只玩一种类型的游戏，即关于杀人、打架、格斗类的游戏。细心的家长会发现，强强其实是在不自觉地借此发泄自己在现实生活中的不满和愤怒。一些家长可能要问了，强强小小年纪哪里来的愤怒？他的生活衣食无忧，家里条件也非常好，他能有什么不满？

问题便出在这里，大多数父母没有时间也想不到去关注孩子的内心世界，他们认为只要照顾好孩子的饮食起居就可以了，实际上，孩子的心灵比我们想象的还要敏感、脆弱。但这并不意味着父母得小心谨慎地"伺候"孩子易碎的心灵，而是提醒各位父母要更多地聆听孩子的内心世界，坚决而慈爱地引导孩子走出自己的人生道路。

拿强强的故事来说，这个 10 岁的男孩子从小父母离异，他平时都是和外婆一起生活，妈妈只有周末才有时间陪伴他，父亲两个月才会见他一次。最常与强强相处的外婆由于听力不好，除了照顾强强的吃穿之外，与强强交流起来很困难，强强几乎生活在情感的沙漠里，没有人能够走进他的内心世界。再加上妈妈好不容易周末有时间在家，却常常忙着工作，强强自然内心更加不满，他以向母亲"掀被子、发脾气"的方式来表达自己的愿望——和我说说话！看着我！从母亲的角度来说，自然不能接受 10 岁的儿子以这种方式对待自己，忍不住严厉斥责他，这样一来反而让强强陷入更大的孤独与不被理解之中。

可以想见，强强心里埋藏的那些委屈和愤怒完全没有地方可以诉说，他只能在游戏世界里寻求自己内心的平静，甚至，也只有强强故意弄出点事情来，比如"撞门""偷着打游戏"等，妈妈才会关注他。而这一切心理运作的过程常常是孩子自己也没有意识到的，他会不自觉地选择某种方式引起家庭的重视，证明他自己的存在。

我们也看到，当妈妈开始做一些小小的改变时，比如说话时看着儿子、注意和儿子沟通讲道理、多拥抱抚摸儿子等，强强的问题奇迹般地发生变化，他开始变得彬彬有礼，也不再需要那些暴力游戏。

可以确定地说，孩子的年纪越小，其网瘾问题与家庭教养方式的关系越为密切，很多时候，对于这些年龄较小的孩子来说，他们的"网瘾"也会因为父母教养方式的改变而彻底消失。

第七课
孩子拖拖拉拉不自觉怎么办
——拖延心理学的研究启示

· 案例分析

<u>拖到天荒地老的小辉和崩溃的老妈</u>

小辉的拖拉到了"人神共愤"的程度，晚上6点半回到家里，7点半吃完饭，小辉就开始坐在桌子前神游天外，以十分钟挤出来一行字的速度龟速前行，其间刷B站、知乎、抖音等等不一而足，要视妈妈闯进房间几次来决定。到了晚上11点半，小辉像是突然清醒过来，开始疯狂写到凌晨2点完事。从硬件上来讲，小辉的手速一点都不慢，据小辉妈妈说，上预初之前的作业量小辉从来就是在学校就全写完了，哪怕是现在，一旦小辉"醒了"，也是两个半小时完成作业的手速。小辉妈妈非常强调中医养生，她就是不明白为啥小辉不能7点半开始

写,这样10点不就可以上床睡觉了吗?为啥非要拖到11点半开始写?为此,小辉妈妈没少把小辉骂个狗血淋头,这对母女好像陷入了解不开的死循环。7点半,小辉被妈妈赶回自己书桌旁,人是在那里了,活可是真没干。小辉父母很早就离异了,小辉妈妈独自带着女儿,她每次都要等女儿睡了之后才能睡,小辉这番"拖到天荒地老"的操作生生地破坏了妈妈的作息,弄得妈妈即便上床了也睡不着觉,越想越生气,越生气越睡不着。有好几次,小辉妈妈还情绪失控地把小辉没有写完的作业本给撕了,结果撕了之后更糟糕,小辉从头写起,干脆熬了个通宵,妈妈也陪着熬了个通宵,彻底崩溃了。也正因为如此,这对母女出现在咨询室里时,小辉指着捂着头的老妈说:"我觉得吧,问题主要在我妈,她说我拖拉,我觉得我还可以吧。"

家长们读到这里,会怎样看待小辉的拖拉呢?

·心理知识

<u>拖延是符合进化的本能反应</u>

人群中大约有20%的人会经常拖延,这实际上基于人们在进化过程中的选择:我们容易选择近在眼前的小利,舍弃未来的大利,也就是俗话说的"一鸟在手,好过二鸟在林",今天的满足比明天的满足更加重要。比起明天的满足,人们更加偏

爱马上就可以得到的小奖赏，比如刷个手机、吃个零食、打一局游戏、摸摸鱼等等。实际上，遥远的奖赏（比如完成一项有难度的任务带来的满足感）在大脑中激发出来的多巴胺的分泌量远远少于马上可以得到的奖赏，前者在大脑中的价值也被相应地打了折扣。

也正因为如此，拖延才是我们本能性的反应。有些人说拖延是因为完美主义，如果单从大脑对于多巴胺的渴望上来看，这可能是在给拖延找借口。拖延就是拖延，十分符合我们人类进化的需要：今朝有酒今朝醉，明日愁来明日愁。

不过，拖延并非总是坏事情。比如有目的的拖延可以带来灵感的大爆发；适应性的拖延可以帮助我们在最后的 Deadline 时刻挑战自己的极限。

· 心理老师对你说

<u>克服拖延症的有效方法</u>

帮助青春期的孩子克服拖延，打骂多半起到反作用，有没有真正管用的方法呢？家长们可以参考以下这些：

NO.1 尽可能将目标具体化

研究者发现抽象地考虑某个目标和具体地考虑某个目标的效果完全不同。在抽象的层面上考虑一个目标，很有可能会拖延，但是，具体地思考一个目标的实现方式、地点、时间等细节，会促使人们高效地完成这件事，而不是拖延。在麦克雷博士的研究中，一群学生需要完成一个简单的任务：在三个星期内开一个银行账户和记日记。研究者要求其中一半的学生在日记里记录一些抽象的事，比如什么样的人会开银行账户；另一半学生需要在日记里写下一些具体的事，比如和银行职员聊天、填表、存款的经历等。结果表明，那些需要在日记里写下具体事项的学生比只是抽象地思考哪些人会开银行账户的学生完成任务的比例和速度都要高得多。

No.2 把"我必须做某事"变成"我想要做某事"

拖延往往因为我们不想做某事，因而把这件事的优先程度设得比较低。对于那些内心真正想做和喜欢做的事情，我们很少拖延。这是因为我们发自内心想做的事情会激发我们大脑的奖赏回路并释放多巴胺，让我们有动力和欲望去做这些事情。而我们并不想或是只是道理上觉得应该做的事并不会给我们带来奖赏感，大脑也自然没有动力去开始行动。

因此，克服拖延这种进化本能的方法，就是有意识地将必须做的事情变成想做的事情。对于青少年来说，如果在交一份作业时能够告诉自己，这个领域很有意思，我想要了解这方面的知识，也就引发了积极的思维模式，让个体更愿意主动开始做事。这也提示家长们，如果逼孩子逼得太紧，让他们失去了在学习一项新技能中本来的乐趣，很有可能"弄巧成拙"造成拖延。

NO.3 从消极拖延者变成积极拖延者

消极拖延者比较符合我们对拖延症的理解,他们在需要完成一项任务时,什么都不想做,也不愿意去推动这项任务,只是让时间一分一秒地过去,在时间的流逝中同时忍受焦虑的煎熬、享受拖延的快感。积极的拖延者则不一样,他们会故意把任务推迟到最后一刻才去做,因为他们觉得自己在重压之下才会有最好的表现和最大的动力。美国著名的建筑师赖特在67岁时设计出了他一生中最得意的作品"落水山庄",实际上,这著名的"落水山庄"就是赖特积极拖延的结果。1934年,富有的商人科夫曼邀请赖特设计房子,赖特在实际考察之后的十个月里其实什么都没有做,直到1935年9月22日早上,科夫曼打电话告诉赖特他会在午餐前来访,因为他要看设计稿了。赖特淡定地吃完早餐,在一群焦急的小学徒的围观下,两小时内完成了他的杰作,这栋建筑在1966年被评为"美国国家历史地标"。赖特的拖延并非白白浪费时间,而是在头脑中一刻不停地构想完美的别墅,这种准备式的拖延不仅没有坏处,还是许多创造性工作中必不可少的部分。

积极的拖延者相信自己达成目标的能力,他们最终也都能不错地完成任务。家长们不妨注意观察下自己的孩子,如果孩子即便拖延却总能完成作业,不妨鼓励他们转换一下心态,将自己视为积极的拖延者,相信自己在压力之下可以很好地完成任务,从而把当下的时间积极投入到自己想做且有意义的事情上。

· 家长操练手册

<u>学习一点行为塑造的方法</u>

20世纪著名的行为心理学家斯金纳描述了两种强化：正强化和负强化。这两者对于行为塑造和有效教养都至关重要。这里的正强化，是指通过增加某种积极结果来奖励某种预期行为。例如，如果孩子能够快速完成作业，就可以多看一会儿电视。这一技巧多半是温和的行为塑造，引发孩子的消极情绪或是亲子关系紧张的风险也是最小的。实际上，这样的一系列正强化的行为塑造会增加亲子关系中的积极感受和相互理解。简单来说，如果一个行为受到正面强化，孩子就会重复该行为。强化可能很简单，比如和孩子积极互动（如一句好话、一个微笑、一次击掌庆祝）一样容易，恰当的正面强化让孩子有重复这一行为的愿望。要注意，我们很容易忽略孩子的良好表现，但这往往会给之后的危机埋下隐患。因此，不论孩子的良好行为多么微不足道或常见，强化都非常重要。比如孩子主动把脏衣服扔进洗衣篮而不是地板上，如果能够给予强化，那孩子下次也就更有可能也这样做。

负强化是通过引入孩子希望避免的东西来增加某种行为，孩子会做出某些行为来避开那些令人不快的强化。例如，我们没系好安全带时车子会发出让人心烦意乱的提示音，我们只能系上安全带来让这恼人的声音停下来。最终我们就学会了在提示音响起之前就系好安全带,从而避免听到安全带提示音。在教养过程中,负强化的例子比比皆是,例如,你唠叨着让孩子打扫房间,他会打扫的原因就是让你不再唠叨。和正强化一样,负强化也增加了孩子重复某些行为的可能性,这样做可以让他从不喜欢的事情中得到解脱。孩子很有可能因为不想听你的唠叨,加快打扫房间的速度。

需要注意的是,负强化带有内置的惩罚,对于很短时间里改变行为特别有效,孩子在希望得到自己想要的东西或是摆脱自己不想要的东西时,会更愿意按照家长希望的方式行事。但是,长期来看,负强化可能会折损孩子的动力,例如,一个叛逆的青春期孩子,可能会逐渐厌倦妈妈的唠叨,不再打扫房间,甚至故意唱反调,搞乱房间。

不过,即便是负强化,也可以用积极的措辞来表达。注意以下积极(应该说的话)和消极的措辞(不应该说的话)。

消极措辞:没吃完不许离开桌子。

积极措辞:吃完之后你就可以离开桌子了。

消极措辞:你用这种口气和我说话,我不会听你讲任何内容!

积极措辞:如果你愿意使用尊重的语气,我随时愿意听你讲话。

消极措辞:我从一数到三,如果你还没有上床,我就不给你盖被子了。

积极措辞：我数到三时你上床，我就可以给你盖上被子了。

了解了这些行为塑造的基本原理，我们该如何有意识地培养孩子的良好行为呢？请看以下例子：

13岁的女孩小丽进入青春期后成了顶嘴大王，不仅满嘴脏话，而且和父母说话就像吃了枪子一样，一点就爆。家里日常生活中的各种小事，比如妈妈烧的晚饭、爸爸的着装、弟弟新买的手办等等，都成了小丽冷嘲热讽的对象。小丽的父母已经试过了各种方法，吼叫、惩罚（减少零花钱），甚至有一次小丽的爸爸都差点要动手扇小丽的嘴巴了，但这些都无济于事。即便妈妈因为小丽对晚餐挑三拣四罚她不许吃晚餐，小丽也完全可以回自己房间点个外卖，或是等大家都睡了之后吃冰箱里的食物，全家都拿叛逆的小丽毫无办法，爸爸甚至还担心如果真的动手打了小丽或是完全不给零花钱，小丽万一离家出走或是做出什么出格的事情该怎么办。

最终小丽妈妈决定试试正强化来激励她，她和小丽商量，如果小丽每天能够有礼貌地和妈妈说话，就会额外得到15块钱零花钱。小丽对此感到兴奋不已，每周最多能多一百多块零花钱呢！她开始收敛自己的行为，讲话注意礼貌，很快就赚了一些零花钱。即便一周之内有几天她没有控制住自己，又开始爆粗口或是冷嘲热讽，但也能赚到不少零花钱。但是妈妈的钱包逐渐瘪了，女儿却依然出言不逊，似乎正强化并没有什么用。

哪里出问题了呢？

首先,妈妈没有专注于明确的目标,也没有将目标拆解为小步骤来实现。其次,在正强化计划的规划阶段,妈妈没有和小丽商量。最后,小丽无须费力就能获得奖励,即便她并没有很好地控制自己的情绪,她也能或多或少拿到一些零花钱。

妈妈要怎么做才能有效地对小丽进行行为塑造呢?

首先,妈妈找了个时间心平气和地和小丽聊了聊天。有效的聊天往往从认同开始,妈妈对小丽说:"我知道你放学回到家后不喜欢妈妈做的晚饭,这让你觉得很烦。我知道,你在学校学习了一天,觉得又累又饿,结果好不容易进了家门,还发现晚饭不是你喜欢的食物,这让你觉得失望又沮丧。但是,你说话的方式影响了家里的氛围,也让我觉得很受伤,毕竟我辛苦而且认真地准备了晚餐。我希望能协助你,用恰当的方式来表达你的看法,我们能不能一起来制订个对所有人也许都会有些帮助的计划呢?"

她们决定从小丽不喜欢妈妈做的晚餐这个场景开始,妈妈给了小丽几个比较温和的说法,这样小丽就不用说那些侮辱性的脏话,而且妈妈还让小丽自己去想几个说法,自己列一列希望赢得的东西。

在这个讨论的过程中,小丽提出的某些建议被拒绝了(如赢得一个新的iPad),某些建议被接受了(如为家里制订一个星期的晚餐菜谱),她和妈妈一起定好了一个长期的奖励清单,其中包括买新书包、去好姐妹家里住一晚上、周末额外看一下午电视等。此外，小丽和妈妈还制订了一个短期奖励清单，其中包括给自己买一份喜欢吃的冰激凌、自己制订一个晚上的晚餐菜谱、拿到50元零花钱等。

就这样，妈妈和小丽真正达成了一份非正式的契约，具体包括：

·小丽不喜欢晚餐时，要用平静的、有礼貌的语气来表达，不得咒骂、吼叫或是漫骂他人。爸爸或是妈妈可以其中提醒一次。

·小丽可以选择自己做自己喜欢的晚餐，不吃妈妈做的晚餐。

·小丽每做到4次有礼貌地讲话，就可以从短期奖励清单中选择一份奖品。每做到18次，就可以从长期奖励清单中选择一份奖品。

这样一来，小丽家的晚饭时间变得愉快了很多。此外，在小丽第二次获得短期奖励之后，妈妈和她说："我注意到家里的氛围已经得到了很大的改善，谢谢你的努力，我想主动给你增加早点获得长期奖励的计划，如果你写家庭作业觉得很挫败时也能够有礼貌地说话，同样纳入统计次数，这样你可以尽早获得长期奖励呢！"

有了妈妈对小丽的认可和鼓励，小丽不仅在晚餐时间，而且在写作业时间里也不再爆粗口或是乱发脾气。这是因为：其一，妈妈向小丽表明，她很尊重小丽的观点和感受，这份非正式契约是母女两人一起制订的,在这个过程里,小丽想到的奖励方式都是妈妈此前没有考虑到的;其二,目标行为十分具体,而且母女两人还制订了短期奖励和长期奖励;其三,小丽只有在真正做对了行为之后才会获得奖励,而且妈妈还和她详细讨论了不说脏话的替代性说法;最后,妈妈持续对计划进行了评估,并且在小丽准备好的时候自然而然地引入了新的行为目标。

总的来说,合适的强化对于鼓励改变以及塑造行为非常有效。以上例子细致地说明了如何做真正有效的强化,这需要家长用心规划、孩子积极参与,全家通力合作!

第八课
孩子注意力不集中总是走神该怎么办
——大脑神经网络的研究启示

· 案例分析

"到底小刚的注意力能不能集中？"——来自小刚爸妈的追问

小学五年级的小刚跟在爸妈身后走进咨询室，好奇地四处打量，看到我还热情地打招呼："你就是心理医生吧，你好！"他一会儿翻看书架上的书，一会儿摆弄沙盘架上的小玩具，一会儿端详挂在墙上的飞镖盘，一边自言自语地说："环境不错啊，各种玩的都有。张老师，我能试一下飞镖吗？"我笑着点头，小刚的爸妈问："不需要坐下来吗？小刚你能不能安静坐下来，我们一起和张老师谈谈。"

小刚一边扔着飞镖，一边回答爸爸妈妈："张老师不是说可以吗？你们讲，我听着呢。"接下来，小刚爸妈开始讲述小刚在学校遇到的困难，小刚一边扔着飞镖，一边做各种补充。原来，小刚在学校上课不好好听讲，总是插话，还多次在课堂上看课外书，班主任老师认为他有注意缺陷，需要有一些专业训练。我询问了小刚读小学低年级时的情况，其实小刚在一、二年级时都还能比较认真地完成课堂听讲，成绩也在中等以上。

"他特别喜欢看军事书籍和历史书籍，上课有好几次被抓到都在看这些书，我们也非常无奈，小时候他就喜欢这些，我们还很自豪，小小年纪看了那么多书。"

"小刚，你这两天在看什么历史书和军事书？"我看着眼前这个五年级的男孩子问。

"这周在看《巴顿将军》，还翻了翻史景迁的书，上个月他去世了，我们论坛里有其他人说到，就买了他的《大汗之国》翻一翻，但有些看不太懂。"

我一方面庆幸小刚挑选的历史书还不错，另一方面也可以肯定小刚不是没有集中注意力的能力，否则一个五年级的孩子能看下去《巴顿将军》和史景迁的书？

在和小刚全家不断澄清的过程中才发现，小刚是在上了四年级更换了老师之后出现了上课注意力无法集中的问题，到了五年级，情况变得更加严重。一般来说，如果的确是注意缺陷问题，在幼儿园和小学低年级，这个问题其实会更加突出。如果排除了额叶发育迟缓的生理原因，那么，最常见的影响青少年集中注意力的其实是情绪问题。

我决定邀请小刚和我单独聊一聊。原来，小刚四年级时换了班主任语文老师，他和原来的班主任感情很好，也正是因为这位班主任，小刚从小学一年级开始就喜欢上了军事和历史，在她的介绍下看了不少课外书。但是，新班主任却不推荐大家看课外书，一方面是因为进入四年级之后学业更加紧张了，另一方面也是这位年长的班主任在教学理念上和小刚喜欢的语文老师不一样，这让小刚非常地愤怒且束手无策。他愤愤地说："我觉得我就成了个学习工具，在家没时间看自己喜欢的书，在学校吧，也只能找一些不重要的课看看，但是还是要被老师揪出来，这是要怎样？还给不给人活路了！"

到了五年级，小刚说："还不如四年级时，那时好歹还有副科，现在我们的美术课都被占用了，那我更没时间看课外书了，回到家还有一堆作业，我爸还安排我去上那个补习班，周末也没多长时间可以看我自己喜欢的书，我都不知道自己是怎么熬过来的。现在班主任还说我这个是有问题，我看啊，"小刚指了指自己的脑袋，小声说，"她才有问题，天天嗓门大得吓人。"

咨询进行到这里，不少家长可能已经看出了小刚注意力难以集中背后的问题所在，与其说这是注意力的问题，不如说这是情绪问题。青少年的负性情绪同样会影响他们的专注程度和课堂表现，但这一点常常容易被忽略，家长也容易用批评指责的方式来教育孩子，收效却甚微。幸运的是，小刚和父母的关系挺好，日常也很愿意分享，在咨询室里，他和父母坦诚地沟通之后，全家开始一起商定如何给小刚安排看课外书的时间，也引导他在课堂上如何更有效率地听讲，问题也就及时地迎刃而解了。

· 心理知识

<u>注意力与"喜新厌旧"的大脑</u>

你一定有过这样的体验，当你专心致志做一件事情时，很容易被环境中的突发事件干扰。比如当你专心写报告，手机突然响了，你会不会放下手头的工作去看手机？有一位同事从旁边走过，你会不会不由自主地看看是谁？注意力被干扰几乎是我们日常生活中每天都会出现的场景，更何况互联网时代有那么多突然跳出来的刺激吸引我们的注意力，有那么多同时并行的任务要求我们进行注意力的分配，注意力益发成为稀缺的资源，可以说是互联网时代人人争抢的"黄金"。但是，回到一个根本的问题，为什么我们这么容易被干扰呢？

实际上，这和大脑加工信息的优先程度有关，也就是说，我们的大脑容易对新的、变化的刺激做出反应，而对旧的、稳定的刺激信号习以为常，我们的大脑生来"喜新厌旧"。

这种"喜新厌旧"的特性非常符合进化的需要。在人类漫长的进化过程中，关注环境中的突发刺激远远比关注一成不变的事物重要，这种反应可以让我们随时知道周围环境中发生了什么，避免危险的发生，提高个体的存活率。因此这一大脑机制就在进化的过程中被保留下来了。但是这些原始本能，就像拖延的本能、吃高油高脂食品的本能一样，在现代社会中会变得不再适应。大脑"喜新厌旧"的本能特点让我们很容易受到外界刺激的干扰，影响工作学习时的专注状态，也让我们无法顺利完成需要集中注意力仔细钻研的工作。

不过，还有一类走神并无外在刺激的干扰，属于不由自主地走神。对学生来讲，最常见的是明明考试迫在眉睫，很想专心学习，大脑中却不由自主地浮现出各种无关紧要的画面。当你猛然意识到这一点时，甚至已经走神好一会儿了。又比如，你明明在参加一场会议，却开始想着晚上去哪里吃饭；明明在做一个计划书，却突然想起一件事情或是一个要买的东西拿起手机下单去了。类似的走神现象在我们生活中十分常见，这种没有受到干扰却会自发走神的情况又是怎么回事呢？

首先，我们需要了解一下大脑网络的概念。20世纪中叶以前，对大脑的研究主要通过脑损伤的患者来进行，科学家们发现大脑的不同区域似乎负责不同的功能，比如最为大众所熟知的是，大脑的左右半球有不同的分工，大脑左半球偏重语言与抽象思考，而大脑右半球偏重图像和想象力。不过，随着近30年来新兴的脑成像技术的发展，科学家们进一步发现，按照生理位置来划分大脑功能过于粗糙，更合适的划分方法是按照神经网络。大脑网络可能分布在相对集中的某一片大脑区域，也可能分布在距离较为遥远的不同大脑区域。我们负责做白日梦、不由自主走神的默认网络分布在大脑前侧的内侧额叶、左右侧的内侧颞叶以及上部的顶叶这几个距离较为遥远的大脑区域。

当我们安静休息时，这些距离遥远的大脑区域会变得活跃，而当我们专注于执行某些任务时，大脑的执行网络则会抑制默认网络的活动，让我们的大脑把有限的注意资源集中于特定的任务上。当你觉得没有特别的任务要执行时，大脑会处于休息状态。但是，对于默认网络的研究发现，在这种所谓的休息状态下，大脑不同区域存在大范围的神经活动，就像海面下的暗流涌动一样，实际上，大脑的这种基础活动消耗的能量丝毫不比专心解答一道棘手的数学题时少。也就是说，大脑即便没有执行特定的任务，也还是高度活跃的，当我们在发呆、做白日梦或是休息时，大脑并没有闲着。而需要执行特定任务时，执行网络需要耗费能量抑制默认网络的活动，也难怪当我们长时间做一件事，或是做自己并不喜欢的事情时，会慢慢走神，在这项任务上的表现也会下降。毕竟，大脑会把固定不变的刺激看成不重要的信息，当我们试图长时间专注于同一个任务时，这个任务对于大脑来说就会逐渐变得不重要，我们也会不自觉地走神。

因此，我们平时在学习或是工作时，不要长时间持续做一件事情，每隔二三十分钟就短暂地休息一下，刻意让自己"换换脑子"，再回到工作或是学习中去，就可以让我们的注意力重新获得面对新刺激的感觉，处于注意力集中的状态了。

一般来讲，也只有当我们的大脑功能正常，机体不太疲劳或饥饿，大脑的执行网络通常才能够成功地抑制默认网络"暗流涌动的胡思乱想"，让我们维持专注状态几十分钟。如果我们本身负责注意的大脑功能就比较弱（比如注意缺陷），或是大脑处于低能量状态（比如又饿又累），个体就会很难保持专注状态。

·家长提问

明明妈妈："孩子现在刚上一年级，我就发现他有时注意力不集中，坐在书桌前发呆，也没看他在干啥，脑子里更不知道在想些什么。让他练个琴还没超过20分钟，屁股上就像火烧一样坐不住，怎么办？"

明明妈妈，对于一个一年级的小孩来讲，能够保持专注地练琴20分钟，注意力已经发展得不错啦！你提到他有时会发呆，不知道脑子里在想什么，也许，这是好事情。因为，在我们的大脑中除了有负责专注力的执行注意网络，还有负责做白日梦的默认网络，注意网络让我们把有限的认知资源集中于特定的任务（比如弹钢琴），默认网络则与一个人的自省、思考和想象有关，而默认网络的活动正是我们创造力的根源。

因此，对于才刚刚一年级的明明而言，一方面，负责专注的注意网络还需要在你的耐心培养下逐渐发展，运动、增强兴趣、减少干扰、有意识地训练都能提高注意网络的功能，促进专注力；另一方面，我们可能也得给明明点空间瞎折腾，不知道脑子里想个啥就对了，我们得让他大脑中的默认网络也有发展的空间，时间全被塞满的孩子缺少无所事事的时光，到哪里去发展创造力呢？我们要注意，执行网络和静默网络的活动是互相抗衡的，大脑会在两个网络之间不断切换，有时集中注意力做事，有时神游天外，这两个网络同样重要，只有同时发展才能让孩子学得投入，玩得炫酷，学业好好，创意满满。

· 心理老师对你说

<u>如何训练孩子的专注力</u>

了解了注意力和大脑加工信息的特点，我们才有可能关心孩子注意力的培养，而不是简单地骂一句"你脑子想什么呢"，要知道家长这种突然吼叫的"新异刺激"带来的效果就是让孩子不断走神而已。

孩子缺乏良好的注意力一般来说有两个原因。第一，大脑额叶的功能发育不全或是能量不足，导致注意力网络无法把注意力资源分配给特定目标。其中最典型的就是注意缺陷多动障碍患者，他们的额叶发育相对迟缓，因此大脑额叶对于默认网络的抑制功能较弱。其明显的表现就是当注意缺陷多动障碍患者专注做一件事情时，一旦他们大脑中冒出一个新想法，或是环境中有新刺激，他们无法抑制大脑自动切换频道，换句话说，执行网络无法抑制默认网络暗流涌动的活动，因而造成他们很容易被外界信息干扰或是陷入不由自主地分神。因此，对于这样一类青少年，家长就需要有意识地降低对孩子注意力方面的过高要求，注意观察孩子在哪一类活动上更能够集中注意力。我记得自己接待过一个被诊断为注意缺陷和多动障碍的孩子，在和全家的讨论过程中发现，虽然孩子在教室里、咨询室里都无法安静地坐下来超过10秒钟，交流时也总是不由自主地插话，但是这个五年级的孩子在看军事书籍的时候却能够安静地坐上20分钟，这种例外情况为我们协助孩子提高额叶控制能力提供了线索。在接下来的咨询中，全家一起协助孩子看本来被禁止花费更多时间阅读的军事书籍，让孩子体会阅读时专注的感觉，并慢慢地迁移到孩子有些兴趣的其他领域里，比如和军事有关的英文阅读理解等。这样的训练可以帮助孩子发展额叶的功能，也避免了孩子在总被父母吼叫的环境中成长，避免给孩子更多的情绪压力。

在长期的生活、学习、工作中养成的不好的注意力习惯也会造成专注力不足。比如，如果人们习惯了采用多任务模式，每几分钟就切换正在做的事情，就会不知不觉地养成切断自己专注状态的坏习惯，也越来越难回到长时间高度专注于一件事的状态。在这个习惯部分，需要家长和孩子共同努力，尽可能在青春期早期养成良好的注意力习惯。具体来说，有以下一些方法：

（1）长期使用智能手机并没有问题，但每隔几分钟就查看信息是个坏习惯。改变的方法很简单，就是需要在专心工作或是学习时远离手机。2017年，心理学家对800个智能手机用户进行研究，要求参与者在电脑上完成一个需要高度集中注意力的任务，但参与者不知道的是，这项研究关注的是手机对于他们专注力的影响。实验人员把实验者随机分成三组，第一组需要把手机正面朝下放在桌子上，第二组需要把手机调成静音后放在衣服或是裤子口袋里，第三组需要把手机调成静音后交给实验人员放到另一个房间。接下来，所有被试需要集中注意力做电脑任务。结果发现，虽然所有人都觉得他们自己在做任务时十分专注，但事实上，三组被试在完成任务的准确性上并不一样。如大家所料，任务表现最好的是把手机放在另一房间的第三组，而第一组的任务表现最差。

值得注意的是，第一组和第二组的任务表现都有所下降。我们在工作或是学习时常常把手机朝下放在桌子上，或是放进身边的包里，以为这样就可以避免手机的干扰。实际上，把手机放在触手可及的地方会在潜意识里影响我们的专注力。因为我们虽然主观上认为自己没有去想手机，但是生活中已经习惯了随时随地拿起手机，我们需要刻意压抑自己的冲动。但压抑自己的冲动会占据注意力资源，从而降低完成任务的专注力。

在这项研究中，心理学家还询问了实验参与者对手机的依赖程度，不出所料的是，对手机依赖程度越高，在专注任务中的表现也越差。不过，也不用特别担心，当手机被放在另一个房间里时，即使一个人的手机依赖程度很高，其完成专注力任务的表现也并不比手机依赖程度低的人差。

（2）运动可以提升注意力。家长们可能没有想到的是，要提升孩子的注意力，与其唠叨不如带他们去运动。在关于运动改善大脑功能的研究中，最引人注意的就是运动能促进大脑额叶功能的发展。大脑额叶的功能包括专注力和执行功能。无论是大脑快速发育的儿童、大脑已经发育成熟的成年人，还是大脑认知功能衰退的中老年人，运动都能提升他们的额叶功能。除此之外，哪怕时间很短的运动也有效，对于时间紧张的青少年来说，这个发现真是振奋人心。例如短短的12分钟有氧锻炼，就能够提升参与者的注意力和阅读理解能力。如果学校或公司离你家不远，可以考虑走路或是骑车去上学或上班，或是爬楼梯去教室或是办公室，这些小小的习惯都有助于提升注意力。

（3）正念冥想可以提升专注力。这种源自东方并得到大量研究支持的冥想练习，可以让我们的前额叶皮质变得更加高效。有研究发现，短短的五节冥想课程就可以提高一个人在解决冲突相关的专注力任务中的表现，如果能坚持冥想3—6个月，一个人的专注力将明显提高。可以从以下这些简单、易操作的小练习开始。

练习1 无为

现在你就试试，待在你现在坐着的地方，只是安静地、尽可能舒适地坐在这里。你不必刻意地坐到某个地方，只需要轻轻闭上眼睛，静坐一两分钟。如果有很多思绪涌现出来，没关系，任由它们来去，你要体会静坐的感觉，什么都不要担心，只是静坐一两分钟。

练习2 感觉

请你再抽出两分钟的时间来做一下这个小练习。跟之前一样，你坐在现在的位置上别动。慢慢地把注意力集中到某种躯体感觉上，最好是听觉或者视觉上。我建议你倾听周围的声音，闭上眼睛，但是这类声音有时候有点儿难以捕捉，因此，你也可以睁着眼睛，盯着房间中的某个特定物品。无论你选择哪种感觉，试着尽可能长时间地专注于它，记得要以非常轻松、非常自在的方式。如果你被自己的想法或者其他躯体感觉分了神，只需要把自己的注意力转回到你之前专注的那个物体上，继续轻松地、自在地关注它。

练习3 躯体感觉

请跟随我做一个简短的练习。在这里，我们的理念是无论心里压着什么事，我们都能保持平静。无论前一刻你的注意力集中在声音还是图像上，这一刻，请你把注意力集中到你的躯体感觉上。这种感觉可以是你的身体压在椅子上的感觉，也可以是脚掌踩在地板上的感觉，还可以是你的手放在书本上的感觉。像这样把注意力集中在触觉上，好处是这种感觉是明确的，可觉知的，但是你也许会发现，心灵仍然凌乱如麻。如果你确实感受到思绪纷纷，或者感受到某种强烈的情感，请想象"蓝色的天空"——在那里，在所有的想象和感受下面，仍然存在一片仍然宁静、豁朗、澄澈的天空。当你意识到心灵在游移而你在走神的时候，你可以慢慢地把注意力移回到自己的躯体感觉上来。

练习4　对想法保持觉醒

我们一起来做一个标记练习，标记内心的想法。如果是在回忆过去，你就在心里默念"过去、过去、过去"；如果是在规划将来，你就在心里默念"计划、计划、计划"；如果听到声音，你就在心里默念"声音、声音、声音"；如果你为某件事恼火，你就在心里默念"恼火、恼火、恼火"。如此，对你心里的想法保持觉察，是什么你就默念什么，你知道它们来了，不必担忧，它们就过去了。我们常常迷失在情绪和想法中，被捆绑住而不能够从情绪和想法中跳出来。但当我们对想法以及想法的来源保持觉知时，我们自然而然就会变得宁静而豁然。

练习 5 对情感保持觉醒

现在，请关注你此时此刻的感受，如果可能，试着闭上眼睛，刚开始的时候，注意一下自己的身体有什么感受。这样会非常有用，因为它会给你线索，让你知道你的深层情感是什么。你觉得这种情感是沉重的，还是轻盈的？你身体中有种宁静感还是不安感？你有没有一种局促感或者豁朗感？不要急于确定，调动你的好奇心，每个问题花上二三十秒的时间去回答。你的呼吸带给你什么体验——快还是慢，深还是浅？不要试图去改变它，只花一点儿时间去留意一下它所带来的感觉。练习结束的时候，你可能会对自己的情感有更好地认识。如果没有，你也不要担心，因为这种情况在初始阶段是很正常的，随着冥想的深入，一切会变得更加明朗。

练习 6 用心灵扫描身体

请轻轻地闭上眼睛，对身体进行全面扫描，从头顶开始，一直到脚趾尖。第一次的时候，快速扫描，花 10 秒的时间从头到脚尖。第二次的时候，用时稍微长一点儿，大约 20 秒。然而，最后再扫描一次，花 30—40 秒的时间来做。在全面扫描身体的时候，请注意身体的哪个部分感到放松、舒适、自在，哪个部分感到疼痛、不舒服或者感到被束缚。请你努力做到不带任何评判或分析，而更多去试着了解身体各个部位的感受。如果有想法时不时地让你分心走神，请不要担心——在注意到心灵游移的时候，你可以轻轻地把它拉回来，回到你中断的地方去。

以上内容参考：

姚乃珊. 大脑修复术［M］. 北京：中信出版集团，2020年.

第九课
孩子玩手机停不下来怎么办
——手机成瘾背后的心理分析

案例分析

硝烟四起的手机大战——牛牛家的危机故事

牛牛是高二的学生,长得壮壮实实的。他性格开朗、朋友多,人又很聪明,喜欢打篮球和学习地理、生物知识,爱好非常广泛,是一个人见人爱的大男孩。不过,牛牛可是个不折不扣的网迷,他打游戏打得非常好,已经是几款大型游戏中颇有名气的资深玩家,牛牛有些得意地说:"这可是需要天赋的,不是什么人都可以打得好游戏的。"

自从上初二以来,牛牛就把大量的时间放在打游戏上,在他的强烈要求下,家里买了电脑,他在家里打游戏总是被限制时间打得不尽兴,就想尽各种办法逃到网吧里、同学家里,经常逃课、旷课，就这样勉强上了一个普通中学。眼看到了高二下学期，其他同学都在为高三做准备时，牛牛的一个重大决定，却把妈妈吓坏了，他决定退学，在家做游戏代练、测评工作，还打算在淘宝上开个小店卖一些游戏用品。牛牛自己说，学校的学习太枯燥无聊了，他不想为了那一纸文凭做那么多无聊的事情，况且，凭他现在的游戏水平，每个月在网上赚个三四千块钱不成问题，他不想在考大学上浪费时间。

进一步和牛牛交谈下来，我们发现牛牛的功课成绩与兴趣的关系极大，他感兴趣的科目，如生物、地理，他可以考到年级前十名。但是老师却冷嘲热讽地说："副科再好有什么用！"牛牛最讨厌的是英语学科，自从上了高中他的英语就没有及格过，他很不屑地说："那老师都放弃我了，英语本来就很无聊，我干吗要去背啊！"

"牛牛真的很聪明，只要你喜欢的科目总能学得很好，而且我听下来你也就是英语成绩差，其他几门主课也说得过去，如果你自己愿意努力一把的话，考大学很有希望。是什么让你懒得为此争取一下呢？"我试着引导他。

"就是没意思，老是被管着……"牛牛嘟囔着。

原来，牛牛从小父母离异，他是跟着外公外婆长大的，外公外婆非常宠爱这个从小没人疼的孙子，几乎对牛牛百依百顺，更何况牛牛从小就特别聪明，学什么会什么，周围的邻居都非常喜欢他，益发养成了他以自我为中心的坏脾气。上了初中之后,牛牛离开老家到了大城市,开始了和妈妈、继父在一起的生活,妈妈对这个聪明的儿子要求非常高,也非常希望他能考上一个名牌大学,给牛牛请了好几个家教,可是,一向自由散漫没人管的牛牛完全不能适应在妈妈身边的生活,想尽各种办法和妈妈对着干,经常逃课去网吧,成绩也一路下滑。

自从牛牛说出自己决定退学之后,妈妈当机立断没收了他的电脑和手机,严格限制他出门的行动,连继父都想方设法地给他请家教、心理医生,安排他去参加夏令营。这益发让牛牛觉得时时被监视着,他很不屑地说:"继父,我已经对他很礼貌了,我把他看成我妈的朋友,和他和平相处而已,他有什么权力管着我?我妈以为她没收我的电脑、手机,我就没辙了,这怎么可能?"

在与牛牛的交谈过程中,我有几次提到"考大学"这三个字,牛牛显得特别不耐烦,急着说服我他没有必要考大学。我笑着说:"牛牛,我注意到,当我一提到考大学时,你显得很不耐烦,这让你想到了什么吗?"

牛牛沉默了一会说:"我妈老是和我说上大学有多重要,要考大学,还没收了我的电脑和手机,实在太过分了,我听到这三个字就觉得头皮发麻,浑身起鸡皮疙瘩,特烦。"

"牛牛,听起来,你妈妈和继父对你的限制不但没有让你打消主意,而且有些反作用。我想问你一个问题,你得仔细想想再回答我,假如今天你回到家后发生了一个奇迹,妈妈不再这样管着你了，你的生活会发生怎样的变化？"

"假如她懂得尊重我了，我也会尊重她，也许会重新考虑我的选择……"牛牛想了想，很确定地说。

"也就是说，你决定退学很大程度上是为了对抗妈妈的管制？"

牛牛似乎有些犹豫地说："我也不知道。"

"牛牛，也许我们该重新考量一下到底什么是你真正想过的生活了。"我笑着说。

在接下来的咨询中，我和牛牛讨论了在"奇迹"发生之后他希望做的事情，帮助他从反抗父母的思维定势中摆脱出来，想一想自己真正的需要。

牛牛是一个非常聪明、有想法的大男孩。他从小得到了外公外婆无微不至的关怀，却也缺少和父母之间的真正联结，这是一个既受宠爱也被忽略的孩子。在短短一个小时的谈话过程中，我能明显地感觉到他内心的冲突、他的逆反和固执。

母亲在和牛牛相处时显然有一些失误。一方面她没有注重培养和牛牛之间的感情，在牛牛回到这个新组建的家庭之后一味地向他提要求，却无形中忽视了牛牛的情感。对于牛牛来说，他离开老家来到一个陌生的城市、一个陌生的家庭，面对陌生的家庭成员——继父，他需要一段心理适应期，也需要母亲理解他、包容他、支持他。但由于对儿子抱有过高的期望，母亲完全忽略了这些，以至于牛牛至今和这个家庭之间都没有形成真正的联系，他会觉得母亲管不了他,继父只是母亲的朋友等等。

另一方面,母亲不自觉地以对待小孩子的方式来要求自己已经长大了的儿子,一味地要求儿子考好大学,不考虑儿子的想法就给他请家教等等,这样的做法激起了牛牛的逆反心理,以致牛牛一听到"考大学"这三个字就厌烦至极,还产生了退学做"网游代练"的想法。

话说回来,从来就没有百分百的完美父母,也从来没有不会犯错误的父母。牛牛自己也说过"假如她(妈妈)懂得尊重我了,我也会尊重她,也许会重新考虑我的选择。"这意味着母子之间依然存在深深的联结,咨询师也正是从这个角度切入,帮助牛牛走出反抗父母的思维定势,考虑自己真正的需要。

对于牛牛的母亲和继父来说,挑一个合适的时间和地点,和儿子心平气和地谈一谈彼此的想法,会对牛牛非常有帮助。孩子上了中学之后,他就是一个小大人了,父母与孩子之间的关系也应该逐渐转为一种朋友关系,整个家庭需要共同商讨牛牛的决策,而不是简单粗暴地告诉牛牛应该怎样做。

首先,牛牛的父母可以试着走进他的世界,猜一猜他的感觉是什么。要知道父母常常误解孩子的感觉,这太正常了,如果猜错了,可以继续猜。至少这种尝试本身就已经是在靠近孩子的世界。

然后牛牛的父母可以试着表达对牛牛的理解。当父母和孩子有同感时,一定要把自己的感觉说出来;父母还可以试着在孩子愿意的时候讲讲自己的成长史。不过，只有当孩子愿意倾听家长的心声或是感到被大人理解时，他们才会愿意好好理解家长。

最后，试着和牛牛一起想想办法。只有当牛牛觉得父母将他看作大人，尊重他的想法时，他才会愿意合作，和父母一起去解决问题。

相信这样的沟通一定能让牛牛更好地认清自己的需要，帮助他协调游戏和学习之间的时间分配，进而认真考量他未来的职业发展方向。

· 心理知识

<u>手机网络游戏成瘾心理的研究</u>

大多数家长不玩网络游戏，只是看到自己的孩子突然像变了一个人一样整天对着电脑，不知道在搞什么；

大多数家长是因为孩子学习成绩下降才怀疑孩子网络成瘾；

大多数家长采取过一些措施干涉孩子上网，比如指责、打骂、讨好、强制关机、讲道理、恐吓等等，不过效果并不理想；

大多数家长会想到寻求学校老师、心理老师、戒网瘾专家等其他人的帮助；

大多数家长因孩子的网瘾而陷入自责、难过、生气、悲哀、委屈、后悔等复杂的负面情绪；

大多数家长会忍不住每天向孩子唠叨上网怎么怎么不好；

大多数家长不能理解好端端的孩子为什么接触网游之后变得这样脾气暴躁或是沉默不语；

大多数家长都有过因网络而对孩子绝望的时刻……

可怜天下父母心！

家长们是多么希望自己的孩子一帆风顺、才智超群、懂事又听话啊！最好是所有美好的事情、美好的优点都集中在自己的孩子身上。一旦孩子出现了问题，家长首先想到的是——"他（她）做错了""他（她）不听话！"或是"我做得不够好！""为什么会这样？"

也许，当你看完以上这些个案以后，对孩子的游戏成瘾会有一些更深刻的认识。是时候放下那些偏见和判断，去了解一下孩子沉迷网游的原因了。

细心的家长也许已经发现所谓的"游戏成瘾"行为往往只是一个表象，是露出海面的冰山一角。背后可能是逃避人际交往、家庭沟通不畅、学校管理不当、对环境失去掌控力等一系列家长没有看到、孩子也没有说出口的问题。大致来说，可以分成以下几类：

学校学习遇到挫折

这是最常见的原因。大多数网瘾少年在谈到自己在学习上的挫折时显得很麻木或无所谓，但细究下来，这些挫折却常常发生在孩子沉迷网络游戏之前的一段时间，与网瘾的发生有着千丝万缕的联系。

有些孩子成绩一直不够理想，自发地在其他方面寻求成就感和价值感，一旦他们发现自己能够在网游空间里所向披靡，无往不胜，受到其他玩家的肯定与喜欢，他们自然更愿意待在网络世界里享受那种胜任感。

不过，更常见的一些情况是，网瘾少年小时候比较优秀、成绩也很不错，他们遭遇了一些或大或小的学习挫折，如没有考上自己理想的高中；上了初中依然凭借小聪明没有努力，成绩一路下滑；一些科目没有好好学，造成"拖后腿"的问题，始终无法提高排名等等。这些孩子虽然很聪明、优秀，却不具备面对挫折时坚持到底、不服输的精神（也就是青少年良好的抗逆力），选择了主动逃避那些他们觉得无法应对的问题，沉迷于网络世界里。

我们也发现，网瘾少年往往在学校中是被忽视的学生，"老师不疼，同学不爱"。当人们遇到挫折时，最需要的是鼓励和支持，而网瘾少年不但缺乏父母、老师的鼓励，也不能在学校团体中获得归属感，遇到挫折时没有勇气迎头赶上、没有信心克服困难，只能选择在网游世界里逍遥快活了。

人际交往遇到困扰

青少年对同伴关系的看重可能远远超过父母的想象。有些青少年正是由于在人际交往中遇到了问题，才会选择沉迷网络，这在网络交友成瘾的孩子中表现得更为明显。

不是所有网瘾少年都有人际交往方面的困扰，这要看孩子看重的是游戏中"过关""搏击"的感觉，还是精彩的情节、与社区里其他人的交往。假如孩子对游戏的痴迷更多是出于大型角色扮演游戏中虚拟的人际关系，可以猜想，他们可能缺少良好的同伴关系。

从青少年心理发展的特点来看，青少年时期本来就是一个容易产生人际交往困扰的时期。这个阶段的青少年特别看重同伴对自己的看法，也特别迫切地渴望团体归属感。假如父母能够有意识地指导孩子进行人际交往，帮助他们更加主动、积极地融入班级，真诚地表达自己的想法，也就能够让那些沉迷于网上虚拟关系的孩子们重新回到现实生活里来。

与老师产生矛盾

家长们大概还记得，在你们的学生时代，一位好老师很有可能影响了我们的一生，甚至，一位老师的赏识会让我们的功课也跟着突飞猛进。不过，假如我们曾经遇到过那种打击、忽视甚至冷嘲热讽学生的老师，我们一定也会非常明白那种滋味实在不好受。

有些青少年沉迷网络是由于和老师之间有矛盾。他们在学校无法得到老师的认可，甚至总是被打击、忽视，自然对上学越来越没有兴趣，也提不起学习的积极性。在这种情况下，假如父母不理解孩子所面临的处境，只是指责他们不努力学习，很有可能让孩子觉得孤立，没有自尊，最后发展出逃课去网吧、休学、退学等问题行为。

如果学习环境对于孩子来说太过恶劣的话，我建议面临这种困境的中学生家庭酌情考虑为孩子转学，但不建议太过保护孩子、指责学校老师，毕竟，孩子长大以后将面临形形色色的人和关系。因为父母不可能给孩子承诺，让他（她）今后遇到的每个人都喜欢他（她），因此不如帮助他（她）勇敢地面对那些不太让人愉快的关系。父母可以以这段师生关系为素材和孩子讨论今后如何进行人际交往，最重要的是，要让孩子觉得家庭是能够理解他（她），支持他（她）的，有可能的话还可以和孩子一起探讨如何处理好与现在老师的关系，为孩子出谋划策。

另外，家长们不要忘了，有时候孩子与老师起了严重的冲突是由于他们不由自主地把在家庭中被压抑的情绪带到与老师的交往中了。比如一个总是被父亲呵斥的孩子在学校毫无礼貌地顶撞老师，不是他（她）真的不懂礼貌，而是他（她）把不能对父亲表达的愤怒发泄在老师身上了。

新环境适应不良

当环境改变时，人们总是要面临适应问题。我们发现，那些随着父母迁徙到其他城市、过于频繁转学、更换年级、学校的孩子容易产生适应不良的问题，躲进虚拟的网络世界是他们暂时逃避压力的一种选择。

让我们试着站在孩子的角度想一想，环境的改变对他们来说意味着什么。

首先，朋友关系的变动。孩子中断了和以往朋友的关系，他们需要重新建立起新的朋友圈子。这对于一些内向、自卑的孩子来说是很大的挑战。如果存在一些语言沟通、生活习惯的差异等问题，孩子们融入新集体就更加困难。

其次，陌生的环境。试想一下当走进陌生的会议室、演讲大厅或是新单位时的感觉，家长大概会比较容易理解当孩子频繁地更换到陌生的环境，他（她）会处于怎样自发的紧张状态。

再者，学业的差异。许多孩子转学或迁徙到其他城市之后，学习的课程有所变化，由于处于陌生的环境又缺乏支持，他们有可能出现短暂的"应对迟钝"，没有办法很好地赶上来。这时候如果家长不理解孩子所面临的适应过程，一味地再给孩子施加压力，就会让他们更加不知所措，可能无法恢复以前的学习能力和动力。

最后，文化和习惯的差异。无论是从小城市、农村迁徙到大城市，还是从条件较好的学校转到条件较差的学校，孩子都会觉得生活有点不一样、气氛有点不一样。有时候这种情况会让他们感到自卑、失望、惊慌等等，这些都是非常正常的，父母最好可以关注孩子的这些感觉，尽量引导他们表达出来，一起去面对。

假如父母完全忽视孩子因环境改变而需要的适应过程，不理解他们所面临的挑战，就无法帮助他们顺利地度过"适应期"，那孩子在这种情况下会有比较大的风险逃到网络游戏里去，毕竟，那里有虚拟的关系、精彩的游戏、丰富的网络生活以及可以轻易获得的成就感。

家庭教养方式上存在着过于管制、溺爱、忽视等问题

我们主张坚决而慈爱的权威型教养方式，这种方式更加有利于孩子的成长。不过，即便家长以前的方式的确存在种种问题，也完全不用为此过度愧疚和自责，毕竟从来就没有不犯错误的父母。家长的教养方式的改变会相应地带来孩子行为方式的变化，我们需要对自己、对孩子有信心。

总之，每个生命都需要证明自己有能力，每个生命都需要有内在的盼望（这两句话出自一个网瘾少年之口）。对于那些沉迷网络游戏的孩子来说，他们不是没有追求，而是不敢面对挫折；他们不是没有行动力，而是暂时地逃避在网游带来的成就感和归属感之中；他们更不是一群不学无术的"垃圾"，而是正在探索出路、渴望理解和支持的年轻人。我们无数次看到，在这些看似麻木的面孔背后藏着金子一样的心，他们心里有火！父母该如何点燃而不是扑灭孩子心里的"火"呢？以下，我们介绍了一些方法和步骤帮助您和孩子一起面对"网络成瘾"这个问题，一起点燃他们心里渴望价值感和归属感的生命之"火"。

· 心理老师对你说

<u>和孩子一起管理网络</u>

我们建议家长可以在参考以下步骤的基础上充分地发挥你的创造力，毕竟每个家庭都非常不一样，每个孩子的个性也非常不同，因而，不同的家庭的工作也必定各有侧重。我们只能为家长提供有效的思路作为借鉴，我们坚信，家长一定比我们更了解自己的孩子，也正因为如此，我们相信只要大方向正确，家长完全有可能真正帮到孩子。家长还可以修改这些步骤的顺序，从自己觉得最有可能切入的部分入手。

第一步：走进孩子的世界

当孩子很小的时候，这些无助的小家伙几乎完全依靠父母的照顾和指导，还记得那时候我们曾经喜怒参半地对他（她）说："你怎么和你爸爸（妈妈）那么像！"渐渐地，孩子长大了，成为独立的个体，有他（她）自己的思想、感觉和个性，他们坚定不移地成长为与父母完全不同的人，因为他们就是他们自己。

需要知道的是，没有一对父母可以完全地了解一个处于青春期的孩子，知道他（她）的所有事情。这个年纪的孩子正处于"青春期的暴风骤雨"之中（一般指12岁到20岁），由于生理的变化，心理层面也常常是不平稳、不协调的。

许多青少年会有假想中的观众，这些青少年用"他们说……"或"他们预料……"来指代这个想象中的集体，这个集体由所有可能关心他们自我和行为的人们组成，这些假想中的观众非常关心青少年的头发、衣服以及其他方面的外表特征，不断对他们进行着评价。

而且，青少年会觉得自己是特殊的、独一无二的、重要的，这是他们"个人神话"的组成部分。"个人神话"是青少年向他们自己诉说的故事，在故事中他们详细地描述自己的幻想，这些幻想都有自己的主题，如"我不要孩子！""我有特殊的才能！""我不会网络成瘾，我只是打发时间！""妈妈，你并不知道爱是什么！"等等。

这些"个人神话"的特点是，个体感到自己是特殊的和独一无二的；感到自己威力巨大、刀枪不入，他们是故事中的英雄。虽然大多数人的生活中似乎都含有"个人神话"的成分，但是这些信念在青少年身上被夸大了，这也导致他们明知道后果可怕却还要草率冒险的行为。不过，也并非所有的青少年都是无节制的、鲁莽的。有研究发现，测量青少年的假想观众和个人神话，可以预测他们的性行为、过量饮酒、未婚少女避孕方法等冒险行为。（Greene, 1996；Montgomery, Haemmerlie, &Zoeller, 1996）

了解这些青春期孩子的心理发展特点以后，在面对自己的孩子脾气暴躁、恶语伤人时，我相信家长以比较平和的心态对待而不会被他（她）激怒，也不会和他（她）进行嘴皮子上的较量；当家长了解生理和心理的变化对这些孩子产生的影响时，家长也许会比较容易做到保持冷静，也会尽量避免做出刺激孩子的行为。

也只有带着这样的知识和心态，家长才有可能走进孩子的内心世界，真正了解这些沉迷网络游戏的孩子到底在想什么，而不是想当然地把自己的判断和预设强加给他们。要知道，我们每个人都不一样，家长也不能代替孩子来感受。

青少年的心理发展特点。在了解孩子时，我们要注意以下三个方面：

一是：体察孩子流露出来的矛盾或否认、逃避的情绪。不仅要听孩子说什么，也要注意他（她）的表情、语气等。

二是：陪伴孩子上网，真正了解孩子上网的情况，发现是什么让他（她）着迷。

三是：不加判断地聆听孩子在学习、情感、和同学交往方面可能遇到的困难。

从来就是"做比说难"，我们相信家长在实际生活里会遇到很多意料之外的困难，比如孩子拒绝和家长一起上网、谈心，他们会以一句简单的"没什么好谈的"把父母哽在那里；他们并不像我们想象中那样有那么多情绪，只是面无表情地回应我们准备多时的关心，"我很好，上网让我很开心"；或者，他们只是在敷衍我们，并不愿意和我们说自己的真心话……

假如遇到这些情况，千万不要勃然大怒或者就此放弃。想想看，在我们小时候，父母的一次大发雷霆是不是比那些日常生活里平淡却温情的画面更让我们印象深刻？尽量避免那些因为情绪冲动给孩子带来的伤害，有时候这种伤害以及由此造成的隔阂需要我们花费好长一段时间的精力才能弥补。我们需要有更多的耐心，并且，不断尝试一些更有创造性的好方法。

利用好奇心的威力

适当地向孩子表达你的好奇心是接近孩子的好方法。不妨看看下面的故事：

妈妈敲了敲儿子卧室的门，从那震动的地板、厮杀的声音以及那些奇怪的电子合成音来看，儿子又在玩网络游戏了，他喜欢把音量开到最大，仿佛只有这样才能充分融入游戏所营造的气氛里。

妈妈立即觉得火冒三丈，她推开门，大声喊道："我真不明白你为什么要玩这么无聊的游戏！你一回来就在玩这种低级的游戏，太不像话了！快出来吃饭！吃完饭要写作业了！听到没有！"

没好气地说完这些之后，妈妈却立刻注意到儿子眼睛里闪过的一丝受伤的光芒，让她有一点点心痛。她想起了自己小时候，那时候她放学回家总是忍不住窜到邻居阿姨家去看电视，每次被妈妈骂回来的时候，大概也是这样的感觉吧！虽然，每次她什么也不会说，但是她真的很希望自己的妈妈能和她一起看一回电视，那是多么神奇的一个黑匣子，妈妈根本不知道……

儿子默默地吃完晚饭，连头都没有抬。他嘟囔了一句"我去做作业了",便悄无声息地回自己的卧室了。妈妈忍不住蹑手蹑脚地跟过去,贴着门听了半天,确认连敲击键盘的声音都没有、儿子肯定不在玩游戏之后,她才放心地去洗碗了。

妈妈想了很多,她是不是太不信任儿子了?儿子会不会网络成瘾?会不会在网上认识一些不太好的人?会不会在网上看一些不健康的内容?她叹了口气,觉得儿子真的长大了,话越来越少,也不知道他到底在想什么。妈妈向爸爸说了自己的担心,爸爸拍了拍她的肩膀,笑着说:"咱们儿子都已经上高中了,总不能什么想法都和爸妈说吧!今天你好像对他很凶啊!"

"你看看他玩的那些游戏!如果网络成瘾了怎么办,还有两年就考大学了啊!"妈妈颇为担心地说。

"你说的也是,不过,我们那时候不也最讨厌爸妈过分管着,而且我们喜欢的东西父母也不了解,也许你可以试着和儿子好好聊一聊。"

10点钟,妈妈再次敲了敲儿子卧室的门,这次她决定用心了解一下儿子的世界。

"妈,我在看书呢,干吗?"儿子不耐烦地嚷道。

"也该休息一下了吧,看了一晚上了,妈妈吃饭前对你的态度不太好,向你道歉。"

"妈,你干吗?搞得我不好意思。"儿子给妈妈开了门。

"儿子,咱们很久没有坐下来说说话了,记得你小时候老是和妈妈说学校里发生了什么,一回来就像只小鸟一样叽叽喳喳的,现在长大了,啥事情都放在心里了。"妈妈温和地看着儿子说。

"唉,人家长大了嘛!"儿子挠了挠脑袋,"妈,你到底有什么话要跟我说啊?"

"儿子,你知道,关于你玩的网络游戏,我还真挺难接受的,而且我也不太懂怎么玩,我们小时候都是跳橡皮筋、看电视、躲猫猫,不玩你们这种,你可不可以把电脑打开,向妈妈讲一讲这些游戏怎么玩,那些动来动去的小人儿是怎么操纵的?"

"你疯了,妈?"儿子几乎脱口而出,"你不会喜欢这些东西的,你嫌它太吵,而且都是打架的东西,妈你不是最讨厌了吗?"

"反正吵到什么程度我也领教了。"妈妈笑着说,"你现在也正好要休息一下,就给妈妈讲讲吧,也许和我想的很不一样呢!妈像你这么大的时候老是窜到隔壁邻居家看电视,每次都被你外公外婆骂回来,可没面子呢,其实他们那会也没有看过电视,不知道那个黑匣子多么有意思,妈可不希望用他们当初那样的方式对待你……"

母子俩打开了电脑,儿子向母亲详细地讲述怎么登录、怎么选择游戏角色、怎么通过键盘来控制屏幕上的小人儿身体的动作、怎么避开敌人的袭击等等。妈妈很认真地听着,还不时地问儿子一些问题：这款游戏哪里吸引他？他为什么会喜欢选择那些有神奇魔法的战士？当他打赢的时候会有什么感觉？

当儿子回答的时候，母亲认真地听着，不时地点点头，她不想轻易地打断儿子，她已经很久没有听到儿子和她说那么多话了，她觉得儿子可真的长大了。讲着讲着，他们还谈到了学校里发生的事情，儿子讲到他的几个好朋友喜欢的其他几款游戏，他们喜欢周末放学以后去网吧打联机游戏等等。

儿子说到这里，母亲有点紧张，不过她强压住自己的担心，决定听听儿子自己的想法。

"那会不会控制不住时间，打得成瘾了？"

"有时候会想一直玩下去不回家，不过，我心里知道那只是娱乐放松一下，我可不想考不上大学。"

母亲心里舒了口气，看来儿子还是很懂事的。她又继续问儿子："我也觉得挺有意思的，你打赢了之后会不会觉得很爽？"她学着儿子的口气把"爽"字拖得很长。

"那当然，爽极了！妈，你知道吗？这种游戏能让我的头脑放松下来，好像有些情绪可以宣泄出去，很多同学都很喜欢。有时候学习压力很大的，需要那么调节一下，我当然知道那只是游戏，又不能当饭吃！妈，你其实没有必要那么紧张，老是在门口偷听我有没有打游戏……"儿子笑着说。

妈妈有些不好意思了，"唉，儿子，我也不是故意要偷听的，只是挺放心不下，怕你在网上接触不好的东西"。

"妈,到处都有不好的东西,何止是网上,学校里也有打架闹事的啊,总不能因为怕接触这些事情就不去上学了吧!"儿子半开玩笑地说。

"小鬼精灵!"妈妈摸了摸儿子毛茸茸的脑袋,她想起儿子小时候那副调皮的样子,和现在一模一样,笑着说:"哪天妈妈也和你一起打一局试试看!"

"哎呀,好啊,老妈,那你可是最前卫的老妈啦!"

父母从这段故事里可以看到,最好的倾听方式应该是父母紧闭双唇,也就是说,当孩子正在向家长诉说时,父母听着就行了,不要做任何评论——至少要等到孩子把话说完。家长可以带着好奇心去问"什么"和"怎么样"的问题,如"关于这款游戏,你喜欢它什么呢?""你可以给我演示一下怎么操纵屏幕上的画面吗?""当你把敌人消灭时,你的感觉怎么样?"等等。

保持好奇心并不意味着家长必须接受孩子的想法,也不是为了用来审问孩子。当家长对孩子为什么做出这样的决定、为什么有这样的兴趣爱好真正感兴趣时,孩子才会愿意和父母亲近,和父母说一些他们的心里话。

秘密地倾听孩子

无论孩子什么时候在家长面前出现,家长都可以有意识地倾听孩子们的话——不管他们是否在和我们说话。这可以帮助我们真正走进他们的内在世界。我们可以为孩子和他(她)的朋友提供他们喜欢的场合，同时留心一下他们的谈话；当孩子和兄弟姐妹玩耍时，听听他们讲些什么。不过要注意的是，这种做法与偷看孩子日记、窃听孩子的电话内容完全不同，那些都是过分控制孩子、不尊重孩子的做法。所谓"秘密地倾听孩子"只是让家长多留心即可，如果孩子不希望父母出现在他（她）和同学们的聚会上，这也非常正常，孩子们需要自己的空间，我们应该尊重他（她）的选择。

"秘密地倾听"还包括那些不表现出明显意图的倾听。许多父母会抱怨："我努力地想和孩子说话，可是他们什么都不愿意说。"其实，对于大多数处于青春期的孩子来说，当我们直接问他们"今天在学校过得怎么样？"时，他们多半不想说。不过，假如我们能够在孩子放学后准备水果和牛奶，安静地坐在他们身边，不提任何问题，多数情况下，孩子们会自然地谈起他（她）的一天——根本不用你问。

和孩子分享我们的成长史

所有的父母都会不自觉地和孩子讲到自己的成长史，不过，"分享我们的成长史"并不等同于"痛诉革命家史"或是借此对孩子进行吃苦教育等等，比如"我像你这么大的时候……""那时候我才10岁，就已经……"

家长最好不要强迫孩子聆听自己的故事，尤其是那些孩子还不能理解、不能想象的事情，比如父母小时候如何走十几里地去上学等等。有时候，对于一个受伤的孩子来说，我们能为他（她）做的最有爱心的事情就是讲述和孩子有相同感觉的往事。

一位父亲以这样的方式来安慰自己因失恋而整天上网和人聊天的儿子："你看看你，我那时候失恋也没像你这样，大不了就是喝两顿就过去了，后来我不也找到你妈了吗？"

也许，他可以换一种方式："儿子，我知道你现在很难过，都不愿去想这件事情。我像你这么大的时候也遇到过一次这样的事情，你想听听爸爸那时候是怎么借酒消愁的吗？"

同样是分享自己的成长史，不同的语气给孩子带来的心理感觉可能完全不同。关键是，我们要让孩子感受到我们发自内心支持、尊重他（她）。

安排家庭特别时间

许多父母不习惯安排家庭特别时间，实际上，这是一个非常有帮助的方法，能够很好地增进我们和孩子之间的沟通，了解他（她）心里的想法。

这个"特别时间"可以安排在每天晚上睡觉前，或去学校的路上，或和孩子一起打球的时候；也可以利用周末的早上为孩子做一顿特别的早餐或安排一次只有父母和孩子的旅行；家长还可以找一些有意思的事情，一边和孩子一起做，一边来度过这段"特别时间"，比如一起洗车、跑步等等。

重要的是，这段时间对孩子来说是特别的，只有你们两个人的。它也许不需要太长，几分钟就够了，不过家长要确保在这段时间你们可以安静地、不受打搅地说说话。假如父母能够提前告诉孩子这个"特别时间"的计划，让孩子有所期待，它的效果会更好。

在这个"特别时间"里，父母和孩子的谈话将会对他（她）的价值观和归属感产生强有力的影响，这段时间也可以作为家长和孩子一起讨论网络沉迷问题的好时机。

值得注意的是，不要把"特别时间"变成家长的"一言堂"，试着倾听孩子的心声，表达父母的好奇心，鼓励孩子多讲讲他（她）的想法。

我们相信还有很多方法可以帮助父母真正走进孩子的世界，那是一个丰富、精彩、超出我们想象的世界，只有我们走入他（她）的世界，才会真正懂得是什么让孩子沉迷于网络之中，他（她）遇到了哪些困惑或是窘境，他（她）心里有哪些矛盾的情绪、为难之处，他（她）在学校里、与同学交往中碰到了怎样的挫折，他（她）对自己有怎样的期待等等。也只有当我们走入孩子的世界之后，才有可能与孩子形成紧密的联结，让他（她）信任我们，愿意和我们一起面对网瘾问题。

我非常建议家长们用心做好这一步，它是接下来所有行动和努力的基础。此外，不管承认与否，如果家长没有花费足够的时间与孩子在一起相处的话，要想和他（她）建立起亲密的关系是不可能的。

第二步：帮助孩子看见更多

许多沉迷于网络游戏的青少年拒绝承认自己"成瘾"，也并不认为自己是在借此逃避学校、家庭中的压力，除非他们有机会和别人详细讨论他们是怎样爱上网络游戏，并且花费越来越多的时间打游戏的。这些孩子习惯于通过网络游戏改善眼前的自我感觉，而不去考虑长久的未来，"否认"和"逃避"是他们常用的自我保护方式。

一旦父母能够走入孩子的世界，就可以进行第二步：帮助孩子看见更多。有时候，孩子的能力远远超过我们的想象；不过，有时候，孩子还只是孩子，他们需要适当的引导和教育。

父母也许已经发现孩子在沉迷游戏之前遇到了一些挫折或困境，父母首先需要帮助孩子看到他们在借助网络游戏避免面对现实生活中的哪些问题。

一个受挫的孩子可能会对学校或社会竞争感到沮丧，把网络当成一个安全的、没有威胁的避难所；

一个焦虑的孩子可能会因为网友的接纳和友谊而得到暂时的平静，而那种平静状态会随着游戏时间的增多变得愈加具有吸引力；

一个容易分神、烦躁不安、无法安心学习的孩子可能会把注意力集中到网游上，那些迅速移动、不断变化的游戏角色以及新任务带来的刺激和挑战会让他们不由自主地在电脑前一坐就是几个小时，因为这显然比学习那些枯燥的课程更为有趣……

你可以参考以下表格（见表1）：

表1 帮助孩子看到更多——他们在逃避什么？

在网络游戏中我得到的……（如成就感、朋友、被尊重、打发无聊等）	在现实生活中我其实渴望的……（如老师的赏识、家长的理解、更多朋友等）	在现实生活中我遇到的挫折或困难（如学校、家庭、人际交往、情感中发生的具体事情等）	我是如何面对这些挫折或困难的……（如努力过、放弃了、不去想了等，可请孩子具体谈）

有时候，揭开孩子网络成瘾背后的"痛处"并不是一件太容易的事情。许多孩子为了维持自己的自尊不愿意承认他们其实是在现实生活中遇到了不如意；也有些孩子认定自己无法改变处境，他们非常退缩、恐惧，需要家长更多的鼓励和支持才敢于走出网络游戏；还有些孩子可能会认为家长小题大做，他们有可能只是借着假期好好放松一下，沉迷在游戏之中，并没有什么特别不顺心的事情。但无论如何，家长都需要以在孩子身上发生的事情、他（她）的感受为第一考虑，避免把一些结论套用在他们身上。

在家长和孩子心平气和地讨论出这些他们需要真正面对的问题之后，家长可以继续和孩子谈一谈他们希望有什么改变。

我们先来看看以下这个片段。

父亲：小明，刚才听你讲了这些，我才知道原来这段时间你在学校里发生了这么多事情，你自己能够挺过来真的挺不容易，我现在才理解你为什么每天一回到家里就开始打游戏。

儿子：其实有时候我也觉得自己挺不求上进的，以前那股子学习劲都没了。而且，学习成绩差，在学校里根本没人重视你，我每天缩在最后一排，都不知道老师在讲什么，回到家里什么都不想干，只好打游戏。有时候妈妈一唠叨，我心里更烦了，对她态度也不太好。

爸爸：我觉得你自己也挺矛盾的，还有点后悔。

儿子：是啊！我也不想这样，真无聊。

爸爸：儿子，你期望有什么变化呢？

儿子：我也不知道，也没有想过。

爸爸：也许可以改变什么……

儿子：改变？怎么改变？让我恢复以前的学习动力，开始努力学习？可是我都落下整整一年了……

爸爸：没错！不过改变永远不迟，也许我们可以商量一下怎样可以提高你那几门功课的成绩。

儿子：英语我都一年没怎么碰了，哪里补得回来？

爸爸：男子汉就要有点面对困难的勇气嘛，何况有老爸和你一起想办法!

……

和孩子讨论他们希望改变的方向并不太难,大多数青少年都希望得到认可、尊重和接纳,都希望证明自己有价值、有能力,这也是人类的本能。只要父母多一些耐心、多一些鼓励,常常能够帮助孩子发现自己内心的目标。

可以参照以下表格和孩子进一步讨论这个目标的可行性以及实现方法。许多网瘾少年会给自己定一个不切实际的"完美目标",以至于根本没有办法实现,这也需要父母帮助他们权衡哪些目标是合理的、可行的,哪些目标只会白白地增加他们的挫败感或是成为他们不再行动的借口。

表2 帮助孩子澄清改变的目标

我的现状	我的目标	目标是否可行,是否和我的现状相差太远	为了达成目标我必须做什么	在达成目标的过程中我可能遇到的阻碍

表3　帮助孩子把目标具体化

长期目标（5—10年）（如考某个大学的某个专业，或做什么样的工作）	中期目标（2—3年）（如提高某门功课的成绩多少分，掌握某项技术等）	短期目标（0.5—1年）（如通过某项考试等）	今天的目标（如复习某几门功课、完成作业等）

需要注意的是，你最好只是给孩子提供思路，留给他（她）时间，让他（她）自己来思考自己希望有什么改变，改变到什么程度，如何让目标具体、可行。家长只是孩子的一个引导者，不需要让孩子完全按照固定的思路来。尤其应避免代替孩子制订目标，这样会让孩子很反感或认为自己很无能。

我们建议的是仔细聆听孩子的目标，开放、平等地和孩子讨论如何更好地实现它。只有当孩子心里有明确的目标时，他（她）才有可能为此放弃颇为吸引人的网络游戏；也只有孩子和家长之间建立起平等、相互尊重的关系，他（她）才会愿意让家长加入他（她）的计划，和他（她）一起来控制网络使用。

许多沉迷游戏的青少年往往只看眼前，拒绝思考和掌控自己的未来，更没有想要为之奋斗的理想，这很大程度上是由于他们对失败的恐惧以及对自己能力的怀疑。假如孩子已经处于这样的状态,尤其需要家长帮助他(她)从制订小小的、可行的、能够带来成就感的目标开始(比如今天睡觉前把老师布置的作业做完等),逐步建立起孩子的胜任感。不要给这样的孩子制订太远、太困难的目标,这样会让他们本来就很脆弱的自我价值感再次受到伤害。这些本来是应该从小培养起来的,但是,现在的很多父母不给孩子自己尝试并犯错的机会,也就剥夺了他们从失败中学习、获得胜任感的可能,在这种过度保护或管制下长大的孩子自然对自己的能力充满怀疑,也害怕失败。

正如爱因斯坦所言,只要一个人有一件合理的事情去做,他的生活就会显得特别美好。引导孩子制订合理的目标,让他们逐步恢复对生活、学习的掌控感最终促使他们自然而然摆脱网络游戏的控制,转而善用网络,把网络游戏当成娱乐而非逃避的手段。

第三步:共同规划使用网络的时间

假如孩子已经在家长的引导下开始学习为自己制订切实可行并能够带来胜任感的目标的话,他(她)会自然地发现为了达成期待的改变,他(她)需要重新合理地规划时间。

我们建议家长以孩子的意见为主,引导他(她)共同完成以下几个方面:

· 和孩子制订具体的时间规划表,包括每天上网时间、内容、休息时间以及如何"叫停"。

·共同讨论父母怎么来帮助他（她）完成计划，如及时提醒、安排其他家庭活动等。

·共同讨论当小阶段计划完成时如何实施奖励，如全家一起野餐、买一份礼物等等。

对于大多数孩子来说，制订一份和改变目标相吻合的时间规划表并不是一件太困难的事情。家长可以让孩子先独立完成这一部分再和父母一起讨论，这是培养孩子时间管理能力的好时候，毕竟，父母不可能永远陪伴在孩子身边帮他们制订计划、管理时间，当然，家长可以给孩子推荐一些简单实用的方法（见表4、5、6、7）。

方法一：将日常生活中要做的事情分类填写在以下四栏里，这将帮助孩子每天合理地安排时间做那些重要的事情。注意，这里的"重要"是指对孩子的长远目标来说很重要。

表4 如何规划日常要做的事情

重要而紧急的事情	不重要而紧急的事情
重要而不紧急的事情	不重要也不紧急的事情

对于一个普通的中学生来说，重要而紧急的事情是指那些对他（她）来说很重要而今天又必须完成的事情，如完成老师

布置的作业、去上学、完成每天复习的计划等等。为重要而紧急的事情安排充分的时间非常有必要，太多重要而紧急的事情也会压得孩子喘不过气来，因此你需要认真地衡量事情的紧急先后。

重要而不紧急的事情包括体育锻炼、和伙伴相处、发展自己的兴趣、休息等，此类事情特别容易被忽略，需要孩子留心安排。

不重要而紧急的事情包括别人委托的事情、临时被安排的事情等。假如一个孩子的生活中充满了不重要而紧急的事情，他（她）可能会非常忙乱，却不知道自己在忙什么。

不重要也不紧急的事情包括娱乐活动、煲电话粥等。假如一个孩子做的大部分事情都是不重要也不紧急的，他（她）会比较懒散，也没有成就感。

比较好的状态是一天之内这四类事情比较平衡地出现，重要而紧急的事情不至于太多，让你喘不过气，也不至于太少，让你觉得生活没有挑战。同时，你可以有意识地安排一些时间做那些重要而不紧急的事情，它们对你的长远目标来说非常有必要。另外，你也得给自己一些时间享受那些不重要也不紧急的事情，如果你喜欢的话，玩网络游戏完全可以成为其中的一项活动。对于学生来说，假如你和大多数学生一样以学习为重的话，紧急而不重要的事情相对就会比较少，不过如何把那些紧急而不重要的事情处理好也同样是锻炼一个人内在素质的好机会呢!

方法二:如果你已经明确了自己的改变目标,可以试着在每天临睡前花两分钟的时间安排一下明天的合理计划,这会让你每天都很有成就感和胜任感,也自然地离目标越来越近。

对于一个想提高英语成绩的高二学生来说,他(她)可以为自己制订如下的计划:

表5 如何给自己制订每天的合理计划

目标:本学期提高英语成绩到中等水平(70分左右)。
我的优势: 1. 语法还不错,初中时底子比较好。 2. 有些单词不会背,但能够猜出意思来,阅读理解的成绩还行。
我的劣势: 1. 口语差、听力差,讲得太少。 2. 单词量不够,作文比较差,词汇填空也比较容易出错。
本月计划:集中精力背单词,同时保证每天听力练习、多讲英语。
我的明天英语提高计划:
早上: 7点吃完早饭,出门前朗读20分钟英语课文。 在去学校的校车上可以听英语广播30分钟,如果遇到同学可能要取消(此项机动)。 下午: 在回来的校车上可以听英语广播30分钟(此项机动)。 晚上: 7点半吃完晚饭回到书房,首先背单词30分钟,包括高一课本第六、七课单词,以及今天新学的单词。 做完作业大约10:00,朗读高一英语课文30分钟。 11点临睡前,翻阅一份以往做错的试卷,巩固做错的知识点。

你可以在完成的任务后面打勾,给自己一个小小的鼓励。如果你发现自己无法完成制订的计划,就应该及时调整计划或尝试提高学习效率。

方法三:试着每天记录你的上网时间和网上活动、身体和心里的感觉,以及每次上网你是怎样最终关上电脑的,这将帮助你对于自己的上网行为有所觉知,逐步开始有自知、有控制地打网络游戏。

掌控自己的生活是一件非常美妙的事情,鼓励孩子试试看吧!

表6 了解自己的网上行为和心理

×年×月×日	早上	下午	晚上
上网时间			
网上活动内容			
上网时身体感觉			
上网时心里的感觉			
这次我是如何决定停止上网的			
停止上网以后我的感觉怎么样			
假如网络是我的一个朋友的话,他是怎样一个朋友,性格怎么样?			
我会如何与他相处?			

方法四：当你有了明确的改变目标、了解了自己以往上网的活动和心理之后，就可以试试去主动、有意识地规划上网安排了。

我们相信，网络必将成为你今后生活的一部分，在21世纪，它就像开车、写字一样平常，就像我们所使用的语言一样成为重要的工具。也正因如此，如何与网络相处是你从现在开始必须学习的。

尝试一下，按照你自己的安排来规划每天上网的时间，以及你在网上的大致活动，留下更多的时间来实现自己的改变目标，毕竟那些才是你内心真正想要的，网上活动应该作为你的一种娱乐放松的工具，对于一个学生来说，这些活动常常属于"不重要也不紧急"或"重要但不紧急"的事情。

你可以根据自己的实际情况来安排上网时间，比如周末多一些时间，平时安排在放学之后、晚饭之前的一个小时等等，重要的是，你如何让自己每次都能在自己期望的"下网时间"到来时坚定地关上电脑。

有些同学会有连续作战打游戏的习惯，他们可能遇到的困难是：一次尽兴的游戏通关需要10个小时以上的时间，否则"打起来非常不过瘾""故事发展被打断了""没法累积足够多的积分打通关"等等。假如你也有这样的矛盾的话，不妨权衡一下打10个小时给你带来了什么，它们真的比你希望改变的目标更加不能放弃吗？我们建议你可以把这10小时的连续作战时间安排在每个月初周末的日子或特殊的日子，作为给自己的一个奖励。

当你可以主动地掌控自己每天的时间安排以及活动时，你会自然地发现生活变得比现在更有趣，也更加让你精神抖擞。

如果你遇到一些困难的话，不妨征求一下父母的意见，和他们一起来讨论。记住！你需要把更多的时间安排在对你来说真正重要的事情上，合适你的才是最好的。

表7　主动规划你的上网安排

	星期一	星期二	星期三	星期四	星期五	星期六	星期日
上网时间							
网上活动安排							
如果我很入迷的话，如何对自己"叫停"，停止上网							
我可以借助的其他办法（如去打篮球、请父母提醒一次等等）							

当孩子为自己制订了和改变目标相吻合的时间规划表之后，父母可以选择一个不受打搅的时间，如晚餐后、周末或家庭特殊时间听孩子来讲讲他（她）的计划。父母可以带着适当的好奇心聆听孩子的想法，而不要审问、监督孩子或是给孩子

的计划挑毛病。

无论孩子的计划是否存在问题，对于他们来说，首次尝试慎重考虑自己的上网计划就是巨大的进步，值得父母真心地鼓励。我们非常建议家长和孩子一起讨论计划的可行性，并且用家庭的力量推动计划的真正实施。

我们来看以下几个片段。

片段一：

妈妈：小林，你能这样仔细地考虑自己的上网计划真的很厉害，我相信你一定能很好地控制自己的上网时间的。不过，妈妈很想听听看，你对自己会有什么担心呢？

儿子：如果我的朋友约我去网吧打游戏，我不知道自己能不能坚持得住。

妈妈：嗯，的确会面临这样的问题，毕竟那些都是你的朋友，很难拒绝。我们一起想想办法好吗？

儿子：一去网吧，他们都在打，我就有些控制不住了。也许我该拒绝他们？

妈妈：我想如果你的复习计划没有完成，你可以拒绝他们，因为这关系到你心里真正想实现的目标，不过，假如你已经完成了，周末可以和朋友们一起出去，妈妈会在10点钟的时候电话提醒你回家，你觉得怎样？

儿子：好的，妈妈！不过拒绝别人是不是不太好？

妈妈：有时候我们还真得学会拒绝别人呢，不过拒绝的时候不要让对方觉得受到伤害很重要，你觉得呢？

儿子若有所思地点了点头。

片段二：

父亲：儿子，你的计划很棒！爸爸为你骄傲！只是你决定周六从下午1点到晚饭前一直上网吗？那你可要错过我们的家庭出游时间了，我和你妈妈计划在这个时间安排家庭集体活动呢！

儿子：哦，听上去不错，家庭集体活动？

父亲：对，我们打算一起去游泳、逛逛公园或是其他你喜欢的活动，我们知道你有自己的空间，不过很希望你也能参加。

儿子：好的，我也许可以修改一下计划，把这段上网的时间改成机动的，如果碰上家庭集体活动，我还挺想和你们一起去的。

父亲：是啊！我们三个人在一起的时间并不多，得好好安排一下，你对于这周六下午有什么想法吗？

片段三：

妈妈：每天一回来就上网吗？你不觉得上网时间太多了吗？作业怎么办？你应该先把作业做完了再上网，万一你控制不住时间呢？

儿子：可是……

妈妈：我觉得你应该每天回来先完成作业、复习好功课，临睡前大概上网半个小时打游戏还行,前提是如果你其他任务都完成的话。

儿子:半个小时打什么游戏啊!

妈妈:难道像你现在这样一打就是 10 个小时吗?你还想不想考大学了?

片段四:

妈妈:儿子,我觉得你的上网时间还是多了,每天两个小时,哪里还来得及复习数学了?每天再少一个小时,好不好?回头你数学成绩提高了,妈妈给你买你最喜欢的那款 DV 怎么样?

儿子:那每天只有一个小时啊,索性你先给我买个 DV 我就答应你,班级好几个同学都有了……

妈妈:可是你的数学成绩还没有提高呢,要不要我给你请个家教?

儿子:我才不要呢!那我就更没有时间玩了……

妈妈:那么先买一双球鞋呢?

聪明的父母看了这几个片断,一定知道哪些方式更加有益于孩子实施计划(片段一、二),哪些方式可能挫伤了孩子的积极性(片段三)或是纵容了孩子不为自己负责的行为(片段四)。许多家长曾经询问我,到底怎样才能做到对孩子慈爱而坚决?

其实,您只要以长远的眼光考虑孩子的发展,便会自然地做到这一点。

从长远的眼光考虑,让孩子成功地面对自己未来的人生需要培养他们的一些品质:

·面对逆境的勇气——"我有能力面对困难、经受挑战,并从中获得力量和智慧"。

这意味着父母不能剥夺孩子遭遇困境的权利,在他们确实遇到麻烦时,避免代替他们做决策,否则孩子将永远不知道怎么经受挑战。

因此,你能做的是:允许孩子犯错误(虽然这需要很多时间和耐心);鼓励困境中的孩子,帮助他们从困难中学习,引导他们自己走出困境。

·自我价值感——"我的生活有目标、有意义,我在用独一无二的方式为社会做贡献"。

这意味着父母需要引导孩子制订属于他(她)自己的生活目标,发现属于他(她)自己的意义感,而不是把自己的想法、目标、追求强加给他们。想想我们自己是怎么找到生活的目标和意义感的,我们会更加容易理解孩子在这些阶段的茫然和不知所措。

·对生活的掌控感——"我知道我必须做什么,怎样做,而且我必须为自己的行为和选择负责任"。

这意味着父母不能总是代替孩子承担责任,尽早让他们看到自己行为的后果比代替他们做选择,或是不断为他们做"补救"更加有利于他们的长远发展。虽然有时候,这样的父母显得不近人情,但是,温和的态度和关爱的表情足够让孩子感受到我们的爱和支持。记住,孩子的自尊心不是在纵容下发展起来的,而是在他(她)的选择以及为选择负责的习惯中真正建立起来的。

·人际交往的能力——"我能够与别人和平相处,懂得与朋友分享,也知道什么样的人是自己的好朋友,值得珍惜"。

这意味着家长不能永远管理孩子的朋友,让他(她)只接触那些我们认为安全、善良、积极向上的朋友,我们需要和他(她)一起讨论什么样的朋友值得交往,如何与朋友分享,如何在那些不那么愉快的人际关系中保护自己等等。

也正因如此,我们非常建议家长在孩子刚接触网络时,就告诉孩子如何在网上保护自己的隐私,在遇到聊天室或社区里的骚扰时懂得如何拒绝和自我保护,帮助他们识别什么样的人才是真正的朋友。

·情感调节能力——"我知道自己现在感觉怎么样,也懂得如何适当地发泄或控制自己的情感"。

这意味着父母得允许孩子有自己的情绪,逐步学习管理自己的情绪。有些过分溺爱的父母不能忍受孩子难过、失望、悲伤,看到他们不开心就忍不住立刻进行干预,实际上剥夺了他们感受自己情绪的机会;还有些父母不允许自己的孩子有情绪,过分的压抑反而让他们成为无法控制情绪或情感淡漠的人。

此外，大多数孩子是从父母对待情绪的态度中潜移默化地学会如何管理自己的情绪。假如父母常常无法控制自己的乱发脾气，孩子也会自然地学会这点；假如父母懂得控制或适当地表达自己的情绪，那孩子也会成为一个优秀的情绪管理者。而这在很大程度上会影响孩子未来的职业生涯乃至整个人生。

·判断决策能力——"我知道自己的道德伦理准则，会根据自己的经验和智慧做出决策，即使犯了错误，也会及时灵活地调整我的决策"。

这意味着父母有必要和孩子讨论他（她）的道德伦理准则，比如对性的看法、对人生的看法等等（在"色情成瘾的孩子怎么了"这一章中会有详细讨论），虽然孩子的看法会和我们的不一样，但是父母有责任帮助孩子澄清他（她）的价值观，而不是放任他（她）潜移默化地从媒体、网络中学习到这些至关重要的东西，甚至，如果父母有自己明确的价值观，也有责任传达给孩子，至于孩子是否接受则是他（她）的选择。

此外，父母还需要鼓励孩子自己做出决策，即使他（她）犯了错误，也要引导他（她）灵活地做出调整。

回到我们先前讨论的四个片段，家长现在大概更加明白该如何和孩子讨论他（她）的计划，才能对孩子的长远发展更加有帮助，你也会自然地采用慈爱而坚决的态度了吧！

尤其值得注意的是，孩子的自控力的确有时候没有那么强,他(她)有可能出现"计划赶不上变化"的情况,控制不住自己上网的时间。我们可以和孩子商量在他(她)需要的时候提醒他(她)停止上网,提醒他(她)的时候最好心平气和,可以带一些幽默感。我认识的一位颇有创意的父亲会在儿子上网两小时后走进儿子的房间,像招财猫一样对着儿子挥动手臂说:"现在是休息时间,现在是休息时间。"他的方法总能让在网游世界里厮杀拼搏的孩子主动关上电脑。

家长还可以安排一些其他活动帮助孩子适当地转移注意力,比如邀请孩子去打羽毛球、一起出门跑步、帮助父母倒垃圾等等。比如,在规定的"下网"时间到来时,家长换好衣服走进孩子的房间,拍拍他(她)肩膀,轻松地对他(她)说:"我们去打球吧!"

此外,为了更好地帮助孩子控制上网时间,家长可以和孩子商定,至少在短时期内,把孩子的个人电脑移出卧室,放到更容易看到的地方,比如客厅或餐厅里。当然,我们不必让孩子觉得父母每秒都在盯着他(她),当我们在家中走动或做家务时,也就自然地向孩子传达了一个信息:上网并不需要偷偷摸摸地进行。这样反而让他们觉得上网和看电视、打球等其他娱乐一样是一件平常的事情。

比较棘手的是那些常常控制不住去网吧打游戏的孩子,毕竟,他们一旦去了网吧,家长常常无法有效地提醒他们。试试看和孩子有更详细的约定,比如他们回来迟一个小时需要为父母清洗碗筷或负责第二天全家的早餐等等（有创意的惩罚措施会让孩子知道自己的行为后果，同时理解父母的世界），家长也可以和孩子讨论怎样在网吧里控制好自己的上网时间，比如设置时间提醒桌面，和孩子约定在他（她）上网回来之后全家有一个集体活动等等。

最后，家长还可以设置一些惊喜来鼓励孩子，比如当他（她）可以坚持一周按照计划来实现自己的改变目标并控制上网时间之后，父母可以为孩子准备一顿丰盛的晚餐，或者在一个月的坚持之后，安排一次旅行等等。用孩子喜欢的方式向他（她）传达全家的鼓励会让孩子觉得这是整个家庭共同面对的问题，感受到家庭成员的互相支持。

总之，我们和孩子讨论计划的目的是为了协助他（她）更现实、更有效地将计划付诸实践。像朋友一样聆听他（她）的想法，像孩子一样和他（她）一起讨论，像家长一样给他（她）提一些来自我们生活经验的意见，再加上点幽默感和创意，家长一定可以和孩子商定出真正会发挥作用的上网时间管理计划。

第四步：将计划付诸实践

这一步并不像它听起来那么容易，试想一下，每天有多少大大小小的计划还未实施就被搁浅！又有多少设想很好的计划中途被迫中断！实际上，计划多半会遭遇困难，家长的任务是引导孩子从困难中汲取反馈，把调整后的计划再进行下去。

让我们先来听听孩子们是怎么说的：

我努力过一个星期，上课强迫自己好好听讲，作业全都自己做，晚上还背单词、默写，我发誓再也不碰那些游戏，但是一周之后我们的会考成绩下来了，我有两门不及格，于是我决定彻底放弃了，比以前打得还要厉害。

——小磊，18岁，游戏成瘾两年多

我的计划坚持了三天，虽然觉得每天很有安排的生活挺不错，的确是全新的体验，但是我心里好像有一条痒痒虫一直在爬，看到网吧我就忍不住放慢速度，不知道网上那群兄弟们怎么样了。

——明明，16岁，初二学生，游戏成瘾一年

我已经坚持一个月没有上网了，按照自己的计划来的确还不错，我觉得这个学期我应该会有挺大的提高，毕竟每天都在离目标靠近，不过昨天隔壁班的阿信和我说到一款新出来的游戏，听起来很不错，有更多的魔法和武器，而且据阿信说，情节设计得也特别有意思，我很想去尝试一下，我很犹豫……

——小鑫，16岁，沉迷游戏一个学期，在父亲的帮助下已经一个月没有碰游戏了

昨天和妈妈吵了一架，真没意思，她又开始和我讲她们单位哪个人的小孩考上大学了，我要怎么怎么的，真烦！他们考上大学和我有什么关系？况且我现在已经按照计划坚持一周控制上网时间了，总不能彻底不上了吧？这对我太困难了！昨天晚上我有些控制不住，多玩了两个小时，毕竟看书总没有游戏有意思。

——大雨，19岁，开学就要升高三了，刚开始尝试在暑假控制玩游戏的时间

我努力了半个学期，小考居然还是没有及格，真没意思，老师把卷子递给我的时候看都没有看我一眼……昨天下午我其实逃课去网吧了，杀了很多对手，很爽！

——秋秋，15岁，初一整整一年沉溺网络，成绩下降得非常厉害，在妈妈的帮助下开始控制打游戏时间，平时只有周末玩四五个小时

父母会发现，即使孩子下定决心改变自己的生活、控制上网时间，也会遇到许多新的挑战、困难、诱惑让他（她）产生动摇，甚至重新回到网络游戏中。在这种情况下，父母尤其要避免指责、冷嘲热讽或是对孩子彻底绝望，这并不是他（她）的意志力差，而是孩子遇到了新的挑战，父母可以帮助他（她）把这些困难当作新的学习机会，毕竟，从来就没有不

会出任何问题的完美计划。

家长可以和孩子谈一谈到底发生了什么让他(她)产生了动摇或犹豫,有时候孩子自己没有意识到这些小小的事情会对他(她)产生这么大的影响。

对于一些尤其害怕失败的孩子来说,一次考试的失败足以让他们觉得所有的努力都是白费(即使那次考试和他们刚刚开始的努力没有多大联系),他们需要家长的鼓励和支持,帮助他们看到真相。

对于一些重视同伴关系的孩子来说,他们可能会因为网友或朋友的一句话重新回到网络游戏中,他们需要家长理解他们对于朋友的重视,尊重他们的朋友,同时引导他们妥善地处理好朋友和学业之间的关系。

对于一些习惯于偷懒、爱享受的孩子来说,他们确实已经尽了最大的努力,不过心里那偷懒的一部分会不断出来干扰他们的行为,家长需要对他们多一些宽容,允许他们慢慢改变。毕竟,好的学习习惯本来应该是在上学之前由父母有意识地培养逐步形成的,这些孩子在重新弥补他们当初落下的"功课",父母不能操之过急。

对于一些敏感、自尊心强的孩子来说,他们可能会因为父母或老师的一句不经意的话受到伤害,进而对自己失望,放弃控制上网的计划,他们需要父母的仔细聆听,因为这些孩子常常把想法闷在心里,不会轻易吐露,一旦父母能够鼓励孩子说出心里的担心、烦恼甚至受伤的感觉，他们也会觉得轻松很多了。

对于一些在网络游戏中获得极大成就感的孩子来说，让他们一下子放弃可以"称王称霸"的网络世界需要一个过程（父母大概很难想象孩子在网络游戏中被成百上千的粉丝追捧时眩晕又真实的价值感），尤其当这些孩子在现实的学校生活中遭遇诸多挫折和不如意时，让他们一下子放弃网络游戏意味着摧毁他们所有的价值感和自尊，他们会觉得自己"什么也不是"。这样的孩子需要在父母的鼓励下慢慢地把打网络游戏时那种不屈不挠的精神、灵活应变的策略带到学习中去。

在孩子刚刚开始实施改变计划的头三个月，家长可以为孩子安排"家庭特别时间"一起来讨论计划实施的情况。如果孩子能够感受到我们的确想和他（她）一起面对问题，相信他（她）自己的能力，而不是控制他（她）、指责他（她）、挑剔他（她），这样的谈话就会成为促使孩子将计划付诸实践的绝佳机会。

在每次"家庭特别时间"里，父母和孩子还可以一起讨论如何调整计划来克服新的挑战和困难；当孩子有小小的进步时，别忘了给他（她）一些真诚的鼓励；如果孩子被一些新款游戏吸引，不妨建议孩子在完成今天的计划之后去尝试一下，不过，在他（她）玩过之后，我们要和他（她）一起讨论对这款游戏的评价。我们可以试着引导孩子从更高的眼光来看待网络游戏，比如游戏开发商用了怎样的宣传、怎样的卖点来吸引玩家的注意力等等。

总之，每个孩子的情况都非常不一样，有些孩子还把设计网络游戏发展成了自己毕生的志趣。父母需要用心和孩子交流，走入他们的世界，真正站在他们的角度考虑如何把学业和娱乐结合在一起，把孩子内心的理想与现实拉近。也只有这样，父母才能真正帮到孩子。

· 案例故事

从天空落回地面　　网瘾少年小张的故事

我们见到小张时，他已经在名校读计算机系了，不过，两年之前，他还是一个被爸妈"围追堵截"的网瘾少年。

"区别在于，我现在终于名正言顺地上网、编程，甚至开始自己设计小游戏了……"小张颇有些得意地说。

从初三到高三，小张一直是一个不折不扣的网瘾少年，每天至少打五六个小时的游戏，高中几乎没有好好去上过课，父母为此伤透脑筋。小张最痴迷的时候是高一到高三上学期，每天要上网十几个小时，他一直在想尽各种方法逃学去网吧，上学成了"三天打鱼，两天晒网"的事情。父母简直急坏了，他们开始互相指责，觉得对方没有把孩子教育好，还给小张请了很多心理咨询师以朋友的身份来家里给小张做工作，小张对父母的这些"小把戏"嗤之以鼻,一眼看穿,咨询也常常不欢而散。有时候,小张通宵在网吧不回来,父母就到处找他,小张因怕父母发现自己,一晚上要换十几家网吧,简直是一场惊心动魄的"猫鼠大战"。

有一次,小张在家又上网几个小时不下来,妈妈开始指责他。小张一怒之下跑出家门,妈妈二话不说追出去。"我妈妈坚持锻炼八年了,我怎么也跑不过她,我到哪,她追到哪,最后看她累得不行了,我也完全累坏了,心里也很难受,我把妈妈搀回去,一路上没有再说话,以后也没有再跑过……"

奇迹发生在高三上学期,那时候小张已经俨然成为网上的"超级玩家""巅峰选手",他开始觉得游戏打到顶峰也不过如此,像开了窍一样突然决定要努力学习、考大学了,在小张的要求下,父母给他请了家教在家复习迎考,半年后他居然如愿考上名校计算机系。

这到底是怎么回事呢?我们颇为好奇地询问小张这段突如其来的转变。

小张说:"我把游戏都打得差不多了,发现不过如此,图得只是网上的虚荣。我还仔细研究了这些游戏的生产厂家,发现这些厂家的财务报表,发现那些让我们最痴迷的游戏往往给厂家带来巨额利润,我觉得我也能做这件事,我爸爸是做生意的,我很想把这些东西转变为'市场价值',我从'天空'落回'地面'了,我要在这'地面'上做点事情……"

"其实,我能在半年内自学考上这个学校,也不是偶然,我本来的成绩还是很好的,中学读的是双语学校,小时候可是琴棋书画样样精通,只是在那个特定的阶段,网络对我的吸引力很大,而且我也的确在网络上取得了成就……"

"还有就是,自从我沉迷网络后父母关系变得不好了,我不希望他们因为我不开心,我知道他们非常爱我,一直以我为骄傲,我想这也是我改变的一个理由……"

"网络真的没有一点好处,除了让你头昏眼花、虚荣心极度膨胀之外,看不见什么实实在在的东西,不过,我经历了这些之后就很能理解那种痴迷:一定要把游戏打通,一定要成为顶级玩家,一定要成为论坛的精英人物。其实,关了电脑,你啥也不是,而且因为这个网络,我和女朋友之间都出了问题……"

小张还说:"现在我上了计算机系,如虎添翼,我想自己设计创作一些东西,并且已经开始准备了……我准备大学毕业之后创立网络公司,研发游戏,把爱好变成工作……"

小张还饶有兴趣地向我们展示他做的一些动画和模型。当他谈论这些的时候,眼睛里闪烁着兴奋的光芒。据说,小张的爸爸也开始支持儿子的兴趣,积极帮他联系游戏公司打工呢!

小张大概是网瘾少年中极少数真正把"网瘾"发展成"志趣"的孩子,他甚至把设计网络游戏作为自己未来职业发展的方向了。他也是一个自己从沉迷网络游戏中走出来的聪明孩

子,转变看似发生在高三上学期的一念之间,却也有很多必然的因素:

· 内在素质。小张在初三沉迷网络之前一直是一个品学兼优、多才多艺的孩子。在谈话过程中,我也明显发现小张的思维非常敏锐,能够从多个角度看待问题,比同龄的青少年更成熟。

· 家庭环境。小张的父母关系比较融洽。在访谈的过程中,他多次提到母亲为他感到骄傲,他也很爱自己的母亲,家庭中爱的能量是流动的,这也为小张的发展提供了健康的土壤。甚至小张会因为自己沉迷网络造成父母开始争吵感到愧疚。早期教育与家庭氛围对他的转变非常关键。

· 潜移默化的影响。虽然访谈中小张说没有什么关键性的事情触发他,自己好像突然开悟了。但我们认为,父母有意无意地安排一些心理学工作者甚至一些哲学老师来和小张交流,会对他产生潜移默化的影响。其间,父母还参加了"亲子沟通"训练班等等,不是一味把责任归咎于孩子,而是积极寻求自身的转变,这些都激发小张最后看清自己的目标,甚至由此发展出自己的职业发展方向。

在某种意义上,小张不过是换了一种形式沉迷网络而已。他终于可以"名正言顺"地玩他的电脑,搞他的游戏程序设计了。从这个角度来说,小张把一种"痴迷"变成了"志趣",跨过高考这道槛,争取到了自己的"权利范围"。虽然在大学中他还需要面对一系列的问题,面临许多新的挑战,但是我们都看到了他内在所具有的弹性以及勇气。

其实，真正能够做出一番事业的人都需要一些"痴迷"的劲头。在针对网瘾少年的团体辅导小组中，我会和孩子具体来讨论有没有可能把他们对网游的这股痴迷劲转化成毕生的"志趣"。正是在这样的讨论中，大部分孩子会发现自己只是利用游戏来打发时间、逃避课业压力，而非真正痴迷游戏本身，也不会像小张那样想到自己去设计游戏；还有一些孩子的确想要今后从事游戏工作，却忽略了最能接触到先进计算机知识的地方是在大学校园里，他们需要为此积累足够的知识、经验和磨砺。也只有孩子们发现自己对网游的真正迷恋之处，才能有心思去想一想自己以后到底想要做什么，什么才是他们真正的使命。

父母如果能从孩子未来真正想做的事情出发，从更长远的目标出发，甚至从人生的使命出发，和孩子讨论他们对网络游戏的痴迷，而不是简单地斥责、命令，反而更能有效改变孩子的"成瘾"，也能激发孩子对未来的责任感。

第十课
孩子抑郁了我们该怎么办
——警惕抑郁症的风险

· 案例分析

<u>抑郁的小飞和不相信他的老妈</u>

小飞是被班主任带到咨询室里的,他低着头,坐在角落里,穿着一件有些脏的T恤,看上去并不情愿。原来,这个高三的男生这两天告诉自己的同桌:"我撑不下去了,对什么都没有兴趣,我不想给大家添麻烦,还是死了好。"班主任说,小飞原来一直是班级里挺省心的学生,但进入高三以来,大家的学业压力都大,小飞的成绩有些下滑,再加上最近班级的篮球赛、春游等活动小飞都以自己不舒服为理由推脱了,这让班主任和同学们都非常担心。

心理老师和小飞进行了单独面谈,了解到小飞在最近一个月里对很多事情都失去了兴趣,早上起床特别困难,总觉得自己是多余的,做什么都会给别人添麻烦,于是联系了小飞的父母,让他们带小飞去精神卫生机构确诊是否有抑郁症。

一开始小飞的父母非常抵触,觉得自己的孩子怎么会有这么奇怪的"病",心理老师向小飞的父母介绍了抑郁症的风险和危害,建议他们先带小飞去精神卫生机构进行诊断,告诉他们及时服药能够有效地缓解症状。此外,心理老师也和小飞约定了接下来两个月的咨询,希望能每周见小飞一面,听他说出自己的烦恼。由于小飞明确提到了还是死了好,心理老师还和小飞聊到了他的自杀想法,小飞说自己的确最近总是在脑海里萦绕这样的念头,但他想到自己如果真的结束生命,父母可能就完全没有依靠了,但这样的念头也让他觉得非常痛苦。

第二天,小飞在父母的陪伴下去了当地的精神卫生中心,经过两次与精神科医生的面谈后被确诊为中度抑郁。小飞开始一边服用药物,一边在心理老师这里保持每周一次的聊天。

在聊天的过程中,小飞提到了自己上高三以来,一方面学业压力越来越大,自己好像连喘息的机会也没有;另一方面家里的父母还在闹离婚,让他没心思学习。小飞觉得自己在家里像是多余的人,就是因为自己父母才会一直争吵到现在,好容易熬到高三,如果自己上了大学,父母可能就真的会离婚了。心理老师于是邀请小飞的父母一起走进咨询室,请小飞当面说出这样的担心,也表达他一直以来压抑的委屈与愤怒,帮助小飞梳理自己混乱的情感。此外,心理老师还和小飞一起讨论了高三复习阶段的学习方法,帮助小飞学习适应高三的题海生活。

经过一学期的药物治疗和心理老师的辅助谈话,小飞的自杀念头开始明显减少了,他的学习能力也在恢复中,小飞说自己要参加下学期的高考,无论如何,这是一次证明自己的机会!

· 心理知识

从抑郁情绪到抑郁症

抑郁被形容为"心理病理中的普通感冒",因为它发作频繁,也因为几乎人人都在一生的某些时间中或多或少地体验过。每个人都曾经历过丧失亲人、朋友的悲哀,或是经历过没有达到目标的沮丧。这种悲哀的情绪只是抑郁症患者体验到的症状中的一种。总的来说重性抑郁发作的诊断标准如下:

在两周内出现以下五个或五个以上的症状,表现出与先前功能相比不同的变化,其中至少一项是心情抑郁,或丧失兴趣,或丧失愉悦感。

(1)几乎每天大部分时间都心境抑郁,既可以是主观报告(如感到悲伤、空虚、无望),也可以是他人的观察(如流泪),此外,儿童和青少年可能表现为心境易激惹;

（2）几乎每天或每天的大部分时间，对于所有或几乎所有的活动兴趣或乐趣都明显减少；

（3）在未节食的情况下体重明显增加或明显减轻（例如一个月内体重变化超过原来体重的5%），或几乎每天食欲都减退或增加；

（4）几乎每天都失眠或睡眠过多；

（5）几乎每天都精神运动性激越或迟滞（由他人观察所见，而不仅仅是主观体验到的坐立不安或迟钝）；

（6）几乎每天都感到疲劳或精力不足；

（7）几乎每天都感到自己毫无价值或过分的、不适当的内疚；

（8）几乎每天都存在思考或注意力集中的能力减退或犹豫不决；

（9）反复出现死亡的想法，反复出现没有特定计划的自杀意念，或有自杀企图，或有某种实施自杀的特定计划。

这些症状引起了具有临床意义的痛苦，导致社交、职业或其他重要功能造成损害。被诊断为抑郁的患者其症状的严重性和病程不同，其中一些人只在一生中的某个时间与抑郁斗争了几个星期，而另一些人则断断续续或慢性地要经历数年的抑郁。抑郁给患者、家属和社会带来了巨大的损失。

以上重性抑郁发作代表了抑郁障碍中的典型疾病，特征性地表现为明确的至少两周的发作，涉及情感、认知和基本生活功能的明显变化以及发作间的缓解。尽管该障碍在大多数患者身上是反复发作的，但基于单次发作同样可以诊断。需要仔细区分正常的悲伤哀痛与重性抑郁发作的区别。通常来说，丧痛经历会导致巨大的痛苦，但一般不导致重性抑郁发作。与不伴随重性抑郁障碍的丧痛相比，当重性抑郁发作与丧痛同时出现时，个体的抑郁症状和功能损害通常更为严重，预后更差。有抑郁倾向的个体容易因为丧痛患上抑郁症，抗抑郁药物可以帮助他们康复。

许多研究发现，抑郁人群的大脑活动水平偏低，处于怠工状态。个体在抑郁时，大脑左额叶活动处于休止状态，而在心情很好时，大脑这一区域的活动是积极的。严重抑郁患者的大脑额叶比正常人小7%。

此外，至少有两种神经递质系统对抑郁心境有所影响。第一种是去甲肾上腺素，这是一种提高唤醒水平和改善心境的神经递质，当个体处于躁狂状态时，体内这种激素含量会高于正常水平；处于抑郁状态下，这种激素的含量明显不足。研究表明，大多数有抑郁病史的人是习惯性吸烟者，抑郁症患者可能尝试通过吸烟来进行自我调节，暂时提高体内的去甲肾上腺素水平，从而改善自己的心境。

另一种神经递质叫做五羟色胺。个体在抑郁时，体内的五羟色胺含量也会下降。如果压力大的个体本身已经携带了五羟色胺控制基因，也就更可能抑郁（Caspi et al., 2003; Moffitt et al.,

2006）。抑郁的产生是两种必要的成分——巨大的压力和基因的交互作用。

在 DSM-V（《精神障碍诊断与统计手册》第五版）中，抑郁障碍除了包括以上介绍的重性抑郁发作，还包括持续性抑郁障碍、经前期烦躁障碍等。其中持续性抑郁障碍，又叫作恶劣心境，指至少在 2 年内的多数日子里，一天中的大多数时间中出现抑郁心境，可以是主观的体验，也可以是他人的观察。处于抑郁状态时，会出现以下两项或更多症状，如食欲不振或过度进食、失眠或睡眠过多、缺乏精力或疲劳、自尊心低、注意力不集中或犹豫不决、感到无望等。此外，个体在 2 年的病程中从未有过 2 个月以上没有以上症状等。

经前期烦躁障碍是 2013 年被新列入美国《精神障碍诊断与统计手册》的疾病，主要是指个体在大多数月经周期里，下列症状至少有五个在月经开始前一周出现，在月经开始后几天内症状逐渐改善，在月经一周后症状变得轻微或是不存在，如明显的情绪不稳定（如情绪波动、突然感到悲伤或是流泪、对拒绝的敏感性增强等），明显的容易激惹或愤怒或人际冲突变多，明显的抑郁心境、无望感或自我贬低的想法，明显的焦虑、紧张、感到烦躁或有站在悬崖边上的感觉。此外，还会出现对日常活动的兴趣下降、注意力难以集中、昏睡、容易疲劳、明显的食欲改变、感到被压垮或失去控制以及躯体症状（如乳房疼痛和肿胀、关节或肌肉疼痛等）。

值得一提的是，抑郁症和人类进化之间有着千丝万缕的联系。我们可以从更为有意义的视角来看待抑郁症。例如，抑郁基因可以保护人不得传染病，因为人类历史上最大的杀手是病毒或是细菌感染，抑郁基因使得人疲倦、厌食，不愿意参加社交，从而保护得抑郁症的人免受传染，基因得以延续。

另一种解释精神疾病基因为什么在人类进化过程中稳定存在的理论叫作"蒲公英－兰花理论"。这种理论认为，一些可能导致人脑对压力环境敏感、比较脆弱的基因，也是在顺利的环境中可以让人大脑茁壮发育、超越普通人，甚至做出惊人成就的基因。基因和环境相互作用、交互影响，造成了同样的基因在糟糕的环境中会让人得精神类疾病，在良好的环境中则会让一个人拥有更加旺盛的生命力和对环境更强的适应能力。这种因为环境而产生不同效果的基因，被称为"兰花基因"，因为它们对环境十分敏感；而那些不会因环境变化而使得大脑发生重大改变的基因比较坚韧，就像蒲公英一样，因此叫作"蒲公英基因"。兰花型基因假说深刻地重塑了我们看待人类精神疾病的视角。把携带某些抑郁高风险的孩子放在正确的环境里，他们不但能变得更好，还会变成最好的。

青春期是抑郁症和自杀的高发期，有研究报告指出，大约有三分之一的青少年曾有过情绪压抑的阶段，其中有三分之一到一半的人在青春期某个阶段的表现完全符合严重抑郁症的诊断标准。近年来，中国青少年心理健康问题已经不容忽视，《中国国民心理健康发展报告（2019—2020）》显示，青少年抑郁检出率高达24.6%，随着年龄增长，青少年抑郁的检出比率持续增加。更值得注意的是，青少年比成年人和小孩子更为普遍地产生自杀想法。与许多成年人的看法相反，绝大多数青少年的自杀尝试是经过仔细思考的，并非受到打击之后一时冲动的反应。

为什么抑郁症在青春期这个阶段会如此普遍？一些研究者认为，青少年患抑郁症的主要原因是发育带来的变化。尽管荷尔蒙对人情绪的影响要小于环境压力对人的影响，但荷尔蒙导致的青少年身体变化可能造成了青少年（尤其是女孩子）对自己外形的不满意。此外，抽象思维能力的形成也使得青少年获得了自我反思的可能性，这是他们在童年阶段做不到的，这在一定程度上让他们陷入了对自身的冥思苦想，他们可能会挑出自己的许多毛病来。这些都在一定程度上引发了抑郁症的典型思维方式（我没有价值、我不够好、我不值得被爱等）。此外，在青少年抑郁症患者中，家庭冲突是主要的致病因素。日常生活中，我们也倾向于把青少年患抑郁症与家庭关系的不和谐联系起来。实际上，心理治疗师的确发现，家庭中的角色冲突、界限含混、相互结盟、保守秘密等结构失调都是造成青少年患抑郁症的原因。查尔斯·费士曼（1988）将抑郁自杀的青少年视为"荒谬环境中的不适应者"，这些孩子被关系破裂的父母向相反的方向撕扯，最后因为无法在这样荒谬的环境中生存而陷入抑郁。

· 心理老师对你说

<u>如何真正帮助抑郁症的孩子</u>

如果孩子陷入了抑郁症的泥沼，很多家长都会经历一个痛苦的接受期，如何去帮助孩子几乎成了家长们必修的功课。具体来说，家长在安抚抑郁症的孩子时有一些基本原则不能忘。

1. 接受现实：接受他（她）得了抑郁症的事实，接受他（她）生病了的事实，这是我们行动的大前提，如果不能做到接受现实，根本谈不上帮助，因为"不接受"就是"伤害"。接受现实的人最大的特点，就是不再提不切实际的建议，如去旅游、好好睡一觉、出来聚会、吃点甜食、培养点兴趣爱好、让自己忙起来等。这些办法对一时心情不佳的人有用，对抑郁症无用，抱着"万一有用呢"的心理向他（她）提这样的建议，可能会让他（她）觉得，在你心里他（她）只是心情不好，你不相信他（她）生病了。你不相信他（她），他（她）自然也不会相信你，不会接受你的帮助。

2. 允许痛苦：当我们接受了现实，就会明白"抑郁发作"不是人的力量可以阻止的事，就连抗抑郁药，都要差不多两周才能见效呢。所以允许他（她）抑郁发作，允许他（她）哭泣，允许他（她）赖床，允许他（她）失眠，允许他（她）吃不下东西，简而言之就是，允许他（她）表现出疾病的痛苦。在面对他人的痛苦时，健全的人常会有一种责任感，觉得应该伸出援手，否则就会很自责。但抑郁发作的痛苦是无法被阻止的，如果我们为了不自责而强行"帮助"他（她），反而会成为对他（她）无声的谴责："我都这么努力了，你怎么还这么痛苦啊？""你还这么痛苦，不就等于是否认了我的努力吗？"这只会让本来就很自责的他（她）更痛苦。

3. 正确陪伴：都说抑郁症患者需要的是陪伴，可是不要搞错了，他们要的绝对不是24小时的监视，也不是打卡签到一样的问候，而是"你需要的时候，我一直都在"。保持距离的陪伴很重要，我们并不需要刻意做什么，只需要让他（她）知道自己并不孤独，哪怕现在抑郁淹没了他（她），只要他（她）举起手臂，马上就会有人握住他（她）的手。很多人执着于问"到底该说什么"，其实没有绝对标准的话术，重要的是心意，你有那个心，哪怕方法错了他（她）也不会怪你，如果你满口套路，哪怕说的都是对的也可能适得其反。

4. 日常协助：他（她）可能会因为抑郁症带来的疲劳无力感，而无法完成日常的一些小事，我们可以在力所能及的范围内帮助他（她），比如帮他（她）买个饭，打个水，陪他（她）去医院复诊等。如果孩子反对吃药，我们也可以努力劝说，毕竟药物才是最直接的治疗手段。对于异地恋人、网友、留学生等情况，我们在日常协助上一般无能为力，不必勉强，也不必觉得自己做得不够，倒回去再看一次第二条"允许痛苦"，别让"消除自责"成了你帮助他（她）的主要目的。

5. 不求回应：这里的"不求回应"有两层意思，第一层是表层，即你对他（她）说话、照顾他（她），不要期待他（她）会有回应，他（她）完全可能不回答你，不配合你，因为他（她）正在集中全身的力量对抗疾病，实在无暇他顾。但是也不用感觉委屈，等他（她）有所好转，他（她）会感谢你的。第二层是里层，可能会很让人受打击，那就是你付出了很多，可能他（她）并不会好起来，或者不会很快好起来。付出不一定有回报，努力不一定成功，道理都是懂的，但是又有多少人能接受呢？如果你真心想帮助他（她），一定要有这样的心理准备，千万别因为做了努力后却看不到效果，而恼羞成怒对着他（她）发脾气。

6. 始终如一：很多人对于前面的几条都能做到，只有这最后的一条做不到。在"家人患抑郁症是一种什么样的体验"相关的话题下，我们常会看到来自亲属的诉苦，因为抑郁症是一种高复发率的慢性病，治疗战役旷日持久，轻则几年，重则半辈子，患者的状态时好时坏，家人的态度也会从"不理解"到"接受"，最后走向永无尽头的"受不了了"。对父母的话，也许要改一下：不管怎么样，我们不能轻易放弃，要坚定地站在孩子身边。抑郁症是个折磨人的事情，不仅孩子痛苦，我们也会痛苦。但不要因此指责他（她）、抛弃他（她）。当我们感到太压抑时，我们可以寻求咨询师的帮助，偶尔休息一下。

有些患抑郁症的青少年还会有自杀的倾向，这更让家长束手无策。值得一提的是，虽然引发抑郁症的原因很多，但是导致青少年抑郁症和自杀的原因往往与青少年和家人关系的隔绝以及支撑其生命的有效关系丧失有关。也正因为如此，治疗青少年抑郁症的关键是重建这个年轻人与家庭的联系，这个过程包括三个步骤：（1）父母采用恰当的措施以防止青少年自杀行为的实施，从而确保孩子的安全；（2）父母和孩子需要进行开诚布公的对话，特别是对那些因为是"禁区"而从不曾触及的领域进行对话；（3）整个家庭需要进行调整，实现对孩子的合理培养，不把十几岁的孩子当作小孩子，同时也不剥夺孩子拥有的与年龄相当的自主权。

首先，确保安全。当发现孩子有自杀念头时，首先要做的就是采取保护措施，确保孩子的安全。必须采取各种措施防止孩子在冲动之下实施自杀。给有自杀念头的孩子提供保护环境，其中包括在父母的监督下安排几个人负责，实施每天24小时的盯人防护，直到这个孩子不再想自杀为止。家庭自杀防护向孩子传递了非常有力的信息，说明父母不仅能够而且有意愿照顾他（她）。同时，想要有效地实施对孩子的监护，父母必须团结协作，而且父母需要保证在危机过去之前不能松劲。如果孩子的自杀念头非常强烈，甚至已经有自杀计划，住院治疗也是必要的，尽管住院治疗有可能的缺点（限制自由、引发焦虑等），但是家长需要切记，在这种情况下，住院治疗是明智的选择，在精神科医生的专业协同下，家长可以更好地协助孩子保护生命安全，度过最艰难的阶段。

其次，进行开诚布公的对话。在许多案例中，青少年会否认他们想死，要么就说自己再也不想死了。有些时候情况的确如此，因为尝试自杀可以从父母那里获得期望中的反馈，比如父母能够对孩子表现出关心了，或是父母能够振作起来面对危机了，或是父母不再为他们自己的问题感到那么痛苦了。不过，在另外一些案例中，青少年在尝试自杀后会感觉到巨大的耻辱；有些孩子的自杀行为并没有在家里产生预期的效果，家人没有振作精神去帮助这个孩子，甚至去批评指责他（她）；还有些家庭已经僵化到不能讨论孩子为什么想要自杀，因为自杀像个阴影，旧话重提是危险的。

下面的方法是由家庭治疗师约翰·萨金特在1987年提出来的，这是专门为帮助治疗师促进家长与想自杀的青少年进行对话而设计的，也是非常有用的模版可以供家长来学习参考。

第一步，治疗师借助了解父母对孩子的关心和父母取得联系，强调父母的能力和他们与孩子关系的积极方面。

第二步，鼓励家长用不同的态度告诉孩子，自杀绝对是被禁止的。作为父母，他们一定要讲清楚，他们把和孩子的关系看得高于一切，所以绝对不可以自杀。因为自杀明摆着是对彼此关系的伤害。注意，这里不能让父母对孩子说："我们不让你自杀是因为这是对父母的一种伤害"或是"自杀是一件让人羞耻的事情",父母需要强调的是,保持他们与孩子的关系是他们生命中的头等大事。

第三步,家长要以平静、关爱的方式说出,他们很想弄明白他(她)为什么想要自杀。家长要告诉孩子,他们知道他(她)一定经历了巨大的痛苦,当时自杀一定是他们唯一的选择。父母要表示他们的遗憾,因为孩子没有选择向他们求助,并要请孩子讲讲为什么没有向父母求助。父母说这些话的方式非常重要,不能用指责或是非难的语气,而要意识到孩子把自杀当成最后的选择,这说明他们已经非常绝望,没有其他的方法好想了。父母要这样讲:"无论你告诉我们什么,都比说自杀是你解决问题的唯一方法要好,告诉我,是什么让你这样绝望,这样我就可以帮助你了,有父母和你在一起,你什么都不用怕!"这个步骤有时需要在专业心理工作人士的帮助下进行,重要的是鼓励孩子讲出来,才能真正帮助到孩子。

第四步,在父母对孩子表达了他们愿意诚心诚意聆听的愿望之后,他们必须给孩子一个机会来解释自己为什么要自杀。并且,这一步一定要放在第三步之后,如果没有父母在第三步的努力,孩子很可能用一些奇怪的理由来搪塞父母,而不去讲自杀的真正原因。有了第三步,孩子的讲述就会发生在一个特别的语境中。在这里,父母表示愿意倾听他(她)讲话,而且父母已经承认过去在倾听方面做得不好,并且他们已经再三保证，现在他们愿意听孩子来讲，他们已经做好准备。

一旦孩子开始对父母讲述，治疗师就必须注意观察孩子父母倾听的过程，这个阶段要以孩子讲话为主，为了使得谈话顺利进行，治疗师的干预要越少越好，并且不要让父母对孩子的话反应太快。当感到孩子是在批评自己时，许多父母可能会急着为自己辩护，这样的辩护可能会导致两种可能，一种是和孩子盲目斗嘴，一种就是弄得孩子再也不说话了。还有些时候，孩子还没有讲完，父母就赶紧安慰或是向孩子再三做出这样那样的承诺。要注意太快的承诺其实也是在传递一个信号，那就是，他们听够了，不想再听下去了。治疗师一定要帮助家长做到在倾听时不为自己辩护，孩子没说完的时候不要着急去安慰孩子，如果因为自我辩护打断了对话，要给孩子道歉。

第五步，最后，在孩子解释了自己自杀的原因后，父母一定要搞清楚，他们从孩子的讲述中都听到了什么。如果父母说"这些我以前都听过了"，那么这种反应可能会坚定孩子对父母关系的绝望。应该鼓励父母以这样的方式做出回应：他们从孩子的讲述中听到了以前从没有听到过的东西；他们以前虽然也听过这些话，但现在要从全新的角度去理解这些话；这次谈话终于让他们明白了孩子到底需要的是什么。父母一定要清楚地说出，孩子所说的一切对他们来说都非常重要，他们会认真对待。家长在这方面的行为改变就是清晰地向孩子传递一个信息，即他们会努力改善与孩子的关系。

有了以上的工作基础，父母才能进入到真正为孩子提供帮助的阶段。父母要找到一种能表明他们不仅愿意而且能够照顾好孩子的具体方法，治疗师也应该鼓励父母和孩子去看那些表明父母在切实努力帮助孩子的行为，而家长能够帮助孩子的方法之一，就是鼓励他们在新的挑战面前要学会承担责任，同时要对孩子说明，失败并非不可避免，但也绝非一场灾难。

有些本来有问题的父母会假装自己一切都好，这只会让问题变得更加糟糕，因为孩子会觉察到他们的家长其实一点不好，父母的不诚实会使家庭笼罩在相互不信任的氛围里。为了不让孩子太担心自己，做父母的可能会试图掩藏自己的痛苦，但实际上，如果父母不真实地表现出他们的情感，孩子可能会无法真正相信父母。

以上部分内容参考：

［美］约瑟夫·米库西著，李春玲译.青少年的家庭治疗——打破对抗与控制的循环怪圈［M］.上海：同济大学出版社，2007年.

·补充阅读

自助改善抑郁症的方法

生活中有不少方法能够帮助我们自助改善抑郁症。例如，运动已经被英国医疗卫生当局推荐为治疗抑郁症的有效疗法之一。一项综合了23项研究的分析发现体育锻炼对治疗抑郁症有很好的临床疗效。运动可以明显改善压力导致的抑郁。科学家们在实验研究中发现，锻炼身体具有排毒的作用（运动促使肌肉中某种PCG蛋白增多，进而促使犬尿氨酸氨基转移酶增多，后者将犬尿素转化成无法进入大脑的犬尿酸，从而帮助身体和大脑排毒）；同时，锻炼身体还能明显增加大脑中的神经递质（谷氨酸和γ-氨基丁酸）的含量，这些神经递质对大脑神经元之间的信号交流来说非常重要。运动后这两种神经递质在大脑中会有所增加，促进大脑神经元信号的传递，这可能是运动可以治疗抑郁症的又一个原因。运动所产生的神经递质分泌增强的效果较为持久，可以持续超过一个星期。

此外，攀岩对于改善抑郁症的效果也得到了研究的证实。例如一项研究发现，在抑郁症患者参与了为期8周、每周3个小时的攀岩治疗后，他们的症状明显缓解了。攀岩对于改善抑郁症的反刍思维格外有效，由于攀岩时需要个体全神贯注于攀爬的步骤和体验上，人们没有太多的时间胡思乱想，自然也就切断了抑郁症典型的反刍思维，即在头脑中反复琢磨一些负面的想法。与此同时，攀岩还能提升自我效能感，促进个体和其他攀岩友人之间的社交，可谓是一举三得。

光照疗法也是非常有效的治疗抑郁症的方法。通过随机临床实验，研究者比较了光照疗法和常规药物对于抑郁症的治疗效果。结果发现，接受光照疗法的病人中有44%在8周后的症状明显缓解,既接受光照又吃百忧解的病人,8周后的症状缓解率是59%,但是未接受光照疗法而只吃百忧解的人在8周后的缓解率只有19%。

常见的光照治疗有:①接受尽可能多的阳光,靠近窗户或去户外走走;②每天早上起床后马上打开灯,拉开窗帘,让屋子亮堂堂的等。还有用专门的光疗灯,会在早上逐渐亮起来,模拟天亮,缓解季节性抑郁障碍,或是天黑给人带来的抑郁感受。这里的光照疗法只需要病人起床后坐在一个发光的盒子前半小时,在此期间可以做任何自己想做的事情。这些研究结果提示我们,早上起床后出门坐坐或是走半小时,对改善抑郁症多半会有帮助。

· 案例故事

<u>走出抑郁的小明</u>

人物出场:不愿意说话的小明

小明是被辅导员带着过来做咨询的,他低着头坐在我面前,头发有点乱,身上的衣服也看上去不太干净,辅导员说:"小明你自己和张老师说说看到底怎么了。"等了一会,小明只是低着头,一句话也不说,辅导员对我说:"张老师,我怕小明和你也是一句话都说不出来,小明这段时间课也不想上,总是窝在宿舍里,你看他这样到底怎么了,我也很担心,找小明谈了好几次,他自己也不愿意说。"我说:"没关系,也许小明需要些时间整理一下,我希望有机会和小明先单独谈谈,看看怎样能更好地帮到他。"辅导员有些担心地冲着我点点头。

老师,我觉得自己是多余的

辅导员离开之后,我给小明倒了杯水,他有些小心翼翼地接了过去,依然低着头坐在我面前。

"小明,虽然是辅导员带你过来做咨询的,也许你不想意见一个什么心理老师,但是……你在我这里咨询的内容,除非涉及生命安全问题,我的确是连你的辅导员也不能说的,否则,我违反了职业伦理,你可以投诉我。"

小明什么也不说,只是嗯了一下。

"既然已经来了,也许你会愿意讲讲看,是什么让你像辅导员说的那样这么低落。"

沉默了一会儿,小明终于说出几个字,"张老师,我真的不知道,只是觉得自己是多余的"。

"小明,你讲的时候很难过,能说说这种感觉从什么时候开始的吗?"

"其实从小就有,我是家里的老二,我前面有个哥哥,我一直觉得自己挺多余的,好容易上了大学,我也觉得自己在班级里很多余,现在……"小明停了下来,低着头抠着手指。

"听起来,现在是发生了些事情。"

"是的,其实是半年前,女朋友和我提出了分手,说爱上其他人了,我们本来就是异地恋,我当时一点都不吃惊,我本来就是多余的。"

"听起来这个想法跟随你很久了,只是分手这件事好像让这个想法更加顽固了。小明,你现在睡觉吃饭的情况怎么样?"

"睡不着,现在考试季,真的是睡不着,也吃不下什么,我觉得自己现在真的是一塌糊涂,女友也跑了,成绩也这么差,我怀疑自己能不能考过及格。"

"小明,这可能是你最低落的时候了,最低的低谷,是吗?"

"嗯,的确觉得自己像是要挺不过去了。"

"有些同学遇到这样的情况会想到要结束自己的生命,你呢?"

"我也偶尔有想过,但我觉得自己不会,我还有个妹妹,她还小,而且我哥哥其实对我挺好的,真的挺好的。"

"小明,听起来,为了哥哥和妹妹,你依然有动力从这个低谷里挺过去,是吗?"

"嗯。"小明这次倒是抬起头看着我了。

"小明,这是你从来没有遇到过的低谷,听起来和分手及考试临近的压力有关,也和你一直以来觉得自己多余的思维方式有关,我希望能协助你渡过这个难关,但首先你要去精神卫生机构做一下诊断,排除精神类疾病的风险,在这个部分,我没有权力作出诊断。"

"张老师，你的意思是我是抑郁症吗？"

"我没法诊断，但如果是抑郁症，服用药物可以快速缓解你的负面情绪，如果不是，至少我们排除了这个风险，我可以陪伴你梳理考试和分手带来的压力，一起度过考试季。"

"是在哪里呢？"小明的确希望能有所改变，开始向我详细询问就诊的情况，我也向小明出具了心理咨询中心的建议书，推荐他这周尽快去就诊，并且在下周同一时间来咨询室里和我见面。

我其实对女友很愤怒……

第二次来咨询时，小明带来了中度抑郁的确诊单，医生给他开了一周的药物，我请小明遵照医生的嘱咐服用药物，并且注意观察自己的情绪变化和不良反应，在复诊时及时反馈给医生。

第三次见面时，小明的情绪有所改善，虽然有些嗜睡的不良反应，却能开始准备复习考试，也能在咨询中和我一起梳理对女友的情绪。

"小明，上次听你说到和女友分手的整个经历，其实你对女友的感觉是非常复杂的，不仅仅是难过。"

"我也不知道，她最后一次和我见面回北京时还好好的，怎么能说变就变。"

"听起来你其实挺愤怒的。"

"嗯，我其实对她很愤怒，觉得被侮辱了。"

"但是当时你什么都没有说。"

"是的,好像什么都说不出来,只是默默地拉黑了所有联系方式,我觉得自己很多余。"

"小明,你不止一次提到自己很多余,可以多讲讲这跟随你很久的自动思维吗?"

"我的确觉得自己多余,小时候爸妈总说有一个儿子够了,再多一个,还要花更多钱娶媳妇,后面还有个妹妹,我感觉爸妈似乎还更喜欢她一些。"

"重要的是,你心里觉得自己多余吗?"

"好像,也慢慢地成了一种内心的声音。"

"小明,你有没有不觉得自己多余的时候?"

"也有,当我高中成绩还不错,而且考上这个还不错的大学的时候,我哥哥没有考上大学,妹妹还在读初中,不懂的问题都要问我。"

"当你取得这些成绩的时候,你能感觉到自己是有价值的,甚至是家庭里的顶梁柱,试着把这种感觉留在你的心里。在接下来的一段时间,我会陪伴你一起去检视你的自动思维,看看当那种'多余'的感觉出来时,是不是有可能用这种有价值的感觉代替它。"

从检视自动思维开始

在接下来的三周里,小明一边按照医生的嘱托服用抗抑郁药物,及时复诊,调整药物剂量,一边在我这里保持每周一次的谈话，辅助他度过这段考试季。

小明每次来会告诉我自己准备考试的情况，也会逐渐说出对女友的感受。我邀请小明用画画的方式，画出他的女友，也画出对女友的感觉，从一开始恋爱时的感觉到后来分手后的感觉，小明难以用语言去描述的感受慢慢地通过画笔梳理出来。

在这个过程中，他也越来越意识到，自己对失去女友的感觉如此强烈是和早年在原生家庭中的感觉有关的。我也邀请小明记录这些感受以及伴随着感受的自动想法，逐渐学会评估并管理自己的情绪。

"我记得小时候爸妈去看我的爷爷奶奶，在隔壁村，经常是只带哥哥和妹妹去，我一个人在家看门，我只能守在家里一直等，有时等到很晚很晚，我总是害怕他们都不回来了，就这么走了。"

"除了害怕，还有其他的感受吗？"

"嗯，可能更多的是难过。"

"很好，试着给自己的难过和害怕打个分，如果因1—10分评估的话，当时的难过有多少分，害怕有多少分？"

"难过有9分，害怕有6分。"

"还有其他感受吗？会生气吗？"

"会，有些生气，为什么就是不带我去。"

"也给你的生气打个分。"

"大概有5分。"

"父母可能都不知道你有这么难过、害怕、生气,你有告诉过他们吗?"

小明摇了摇头说:"觉得没法说出口,我一直是家里挺沉默的那个。"

"没关系,让我们继续看看这些情绪背后的念头是什么,就像以前做的一样,试着把这些念头写在纸上。"我递给小明一张三栏表格,请他试着写下来。

小明拿着笔,一笔一画地写道:"爸妈不喜欢我,爸妈不要我了,他们不会回来了,爸妈只喜欢哥哥和妹妹。"

"很好,小明,试着和这些自动出现的想法相处,这些想法的确是上小学时的你在第一时间冒出来的念头,但我想要邀请你用今天大学生的眼光去看看这些想法,有没有什么不合理的地方,可以补充的地方?试试看。"

小明咬着笔,在第四栏里慢慢地写下:"可能他们觉得我比较乖,又可靠,留在家里看家比较合适。"过了一会儿,又写下:"爸妈一直说我是家里最靠谱的老二,老大只考虑自己,只有我总是为爸妈考虑。"

"非常好,小明,试着带着这样的念头,回到当时的感觉里,看看会有什么不一样吗?"

"可能没有那么难过和害怕了,要把父母交给我的任务做好。"

"小明,非常好,当你带着不一样的想法时,情绪也会发生改变。这周要请你继续记录自己的想法和情绪,看看有没有可能用新的想法去补充你原来的想法，好吗？"

小明点点头，他的情绪在药物的作用下已经得到了有效改善，也能很好地反思自己的想法。我继续引导他打破原来的习惯："小明，你会愿意让父母知道，其实你也想和他们一起去吗？虽然你的确是最能看好家的小孩。"

"我不知道，我不太习惯说。"小明有些低落地看着我。

"没关系，小明，慢慢来，你只是不太习惯说出自己的需要，这个习惯是可以改变的。"

对女友说出自己想说的话

在下一次见面时，小明开始问我："我的确很少表达自己的需要，要怎样才能改变呢？"

"小明，这是很好的开始，如果你已经开始改变，对你来说最有可能的第一个尝试会是什么？"

"张老师，我想我应该对女友说出自己想说的话，嗯，是前女友。"

"非常好，你能想象你的前女友坐在这张椅子上吗？告诉我，她会穿什么颜色的衣服？"

"白色的，扎着头发。"

"脸上的表情会是什么样的？"

"好像有点难过，不太敢看我的样子。"

"试试看，试试对她说出自己想说的话。"我鼓励小明说出自己的感受和想法。

"但我都不知道说什么。"

"没关系,可以试着对前女友说,面对你我都不知道说什么。"

"面对你……我都不知道要说什么。"小明看着眼前的空椅子,艰难地吐出了几个字,"我都不知道自己该不该责怪你,也许你也有你的苦衷,但是,我们当时说好的一起去西藏,一起去看你的奶奶,一起……"小明的眼泪流下来,"你还说过,我总是不在你身边,但我一直在努力,我努力搞好自己的绩点,想未来找个好点的工作,和你在一个城市,好好陪着你,让你轻松点,我从来没告诉你这些,现在,反正已经来不及了。"

我默默地陪伴这个泪流满面的男孩子,一个月以来,这也是小明第一次在咨询室里泪流满面。

"即便你离开我了,我想我还是不能懈怠,我还在努力准备考试,我从来没有问过你为什么要离开我,我其实……你为什么要离开我?都没有给我个理由,只是因为那个男生一直在你身边吗?你有没有考虑过我的感受,就这样被扔在一边了,你有没有考虑过我的感受?"小明对着想象中的女友第一次说出自己的需要和愤怒。

在最后两次谈话中,我继续陪伴小明一边保持按时服药,一边学会检视自己的自动思维,在生活中说出自己的需要,小明平稳地度过考试季回老家过了一个还挺愉快的暑期。在半年后的复诊中,小明在医生的建议下停止了服药,真正走过了这段人生的低谷,开始了他的新生活。

结语
养孩子的这场修行

我猜想这本书的读者不少应该是像我一样的80后，甚至70后、90后，对于70、80后来说，我们这一代人自己长大时家长还没有那么多育儿宝典，可以说，我们的父母几乎是相当随性地把我们养大的，大概就是吃饱穿暖，尽可能给我们提供教育的可能，至于情绪支持、心理关照，基本上是奢侈品，了解小孩子大脑发育的特点，学习如何与孩子讲话，更是天方夜谭。等到我们这一代人自己当了父母，对于父母的要求似乎一下子水涨船高，连怎么和孩子说话都成了一门学问，倒退30年，只有孩子想着怎么和父母说话，哪有父母想着怎么和孩子沟通的道理？

从这个角度来说，我们也的确看到了社会在进步，孩子不再是父母的附属品，或是吃米饭的机器，他们的情感需求、个性特点乃至深层次的心理需要都开始被看见、被尊重，这也为这一代人发展独立人格、自由思考提供了更大的可能，虽然苦了这一代父母,但从文明发展的角度,一个社会的文明程度不正是看这些可能的弱势群体所受的待遇到底如何吗?儿童和青少年,这样一批还不足以独立生存的孩子或是半成人可以说在我们这个时代获得了前所未有的尊重和良好的对待,这无疑是一个良好的开始。

也正因为如此,至少在北上广这样的大城市中,养孩子对于新时代的家长来说,还真不再是养儿防老、增加劳动力,更不再是传宗接代、光宗耀祖。稍有经济头脑的人可以计算一下,在大都市里养孩子真不是一桩划算的"事情",且不论投入的金钱和时间,光是因此耗费的情绪价值就足以让很多年轻一代的父母望而却步了。就像很多家长吐槽的,孩子小的时候需要考虑他们的吃喝拉撒,长大了还要培养他们的德智体美,等到了这拧巴的青春期,还要想着如何与他们沟通、如何发挥影响力,简直是个无底洞!

这么不划算的投资,这么劳心耗力的过程,也怨不得很多家长在养娃的路上不断对自己进行终极拷问:"我这是为了啥?"养孩子对于新时代的父母来说,慢慢地变成了自己的一场修行。修的是如何尊重另一个生命,修的是对自己内在世界的了解,修的也是如何和孩子共同见证彼此的成长。就像纪伯伦的那首《孩子》里所写:

你的儿女,其实不是你的儿女。

他们是生命对于 自身渴望而诞生的孩子。

他们借助你来到这世界，却非因你而来，
他们在你身旁，却并不属于你。
你可以给予他们的是你的爱，却不是你的想法，
因为他们有自己的思想。
你可以庇护的是他们的身体，却不是他们的灵魂，
因为他们的灵魂属于明天，属于你做梦也无法到达的明天，
你可以拼尽全力，变得像他们一样，却不要让他们变得和你一样，
因为生命不会后退，也不在过去停留。
你是弓，儿女是从你那里射出的箭。
弓箭手望着未来之路上的箭靶，
他用尽力气将你拉开，使他的箭射得又快又远。
怀着快乐的心情，在弓箭手的手中弯曲吧，
因为他爱一路飞翔的箭，也爱无比稳定的弓。

愿我们在这场养孩子的修行里，成为更好的自己，像善待自己内在小孩一样善待我们的孩子，像尊重自己一样尊重我们的孩子，也在见证生命成长的过程中体会每个瞬间的欣喜与感动。希望有一天，当我们的孩子想起我们时，体会到的是温暖与力量，回想起来的是很多温馨的瞬间；在他们遇到困难的时候，会想起身后有这样的一个人，一直在温柔而坚定地看着自己。